JN326449

MANAGEMENT TO
BREAKTHROUGH CRISIS

危機突破の社長学

一倉定の「厳しさの経営学」入門

RYUHO OKAWA
大川隆法

まえがき

私は直接、生前の一倉定《いちくらさだむ》さんにご指導を受けたことはないが、その著書からは、「社長業の何たるか」や「経営の厳しさ」を教えて頂いた。また宗教的には、別の形で、教団が困っている時に、インスピレーションとも言いかえられる手法でお導きを得ていた。霊的なおつき合いは、この二十五年は続いているだろう。本当に頼りになる、有難い方である。

私が宗教家になるにあたっても、「宗教学者や、他の宗教家が読んでいて、あなたが読んでいない本が、ただの一冊でもあってはならない。」という檄《げき》が飛んできた。まさしく倒産寸前の社長の如く、死ぬ気で猛勉強した。確かに、仏教学や宗教学の文献や事典まで含めて、万の単位の専門書を精読したら、専門筋の批判はピタッと止まった。

経営学でも、数万冊の本は勉強し、事業運営の実践もやってきた。そうしたら会社経営から国家運営まで見えてきた。

私の経営学も「おみくじを引けば当たる」程度の甘いものではない。「経営の成功」は、鍛え抜かれた厳しさの中にあると思っている。

二〇一四年　九月四日

幸福《こうふく》の科学《かがく》グループ創始者兼総裁《そうししゃけんそうさい》
幸福《こうふく》の科学大学創立者《かがくだいがくそうりつしゃ》　大川隆法《おおかわりゅうほう》

危機突破の社長学　目次

危機突破《とっぱ》の社長学

――一倉定《いちくらさだむ》の「厳しさの経営学」入門――

二〇一四年九月三日　説法《せっぽう》
東京都・幸福の科学　教祖殿《きょうそでん》　大悟館《たいごかん》にて

危機突破《とっぱ》の社長学

──一倉《いちくら》定《さだむ》の「厳しさの経営学」入門──

二〇一四年九月三日　説法《せっぽう》

東京都・幸福の科学　教祖殿《きょうそでん》　大悟館《たいごかん》にて

1　「社長学」には知識と経験の両方が必要

将来への備えとして「創業の学」「帝王学《ていおうがく》」を学ぶべき

今回のテーマは、幸福の科学大学の「経営成功学部」用の講義の一つです。内容的には社長学的なものなので、学生には本当は〝厳しい〟と思います。社長方が聴《き》くべき内容であるため、「はたして学生がそれを聴いて分かるのかどうか」という問題がありますし、経営学者等のなかには、「社長の経営の話をしても、学生に分かるはずがない」と思って、最初から諦《あきら》めている方もいます。

それはそうでしょう。実際にその立場にならないと分からないものは、どうしてもあります。ただ、「知は力なり」と言われるように、どんなものであれ、「学習したのに効果がゼロ」ということはありませんので、将来への備えとして勉強しておくことは大事だと思います。

「いざ、その立場に立ったときに、準備ができてなかった」ということであれば、それは残念なことです。

ですから、「将来、社長になるのだ。独立して会社をつくるのだ」という気持ちを持っていればこそ、社長になったときに必要となる「創業の学」「帝王《ていおう》学《がく》」は学んでおくべきです。

また、若いころにそういうものが下地に入っていれば、その後、磁石が砂鉄を引き寄せるように、社長になるために必要な「知識」が吸い寄せられていくのではないかと思います。「経験」についても、そのために必要な経験を経《へ》るようになるでしょうし、「人」についても、自分の周りに人材を集めてきて、人脈ができてくるでしょう。

したがって、私は、基本的に勉強の効果を頭から否定する気はないですし、まずは知っておくことが大事であると思っています。

ただ、それは「必要十分条件」ではないわけです。「必要条件」ではありますが、「十分条件」としては、やはり、「責任ある立場に立って、現実にその重《おも》荷《に》に耐《た》えてみなければ、その知識の意味、言っていることの意味は分からないことが多い」ということを知らなくてはならないのです。

つまり、「たとえテストで百点を取っても、それによって経営ができるわけではない」ということを厳しく自戒《じかい》しておかなければなりません。それは、「授業が理解できた」「本が理解できた」という意味であって、実践《じっせん》の経営で通じるかどうかは、別の話であるのです。

こうした「謙虚《けんきょ》さ」は常に持っておく必要があると思います。

2　五千社以上の経営コンサルタントをした一倉定《いちくらさだむ》氏

「赤字会社を黒字にする仕事」には値打ちがある

一倉定《いちくらさだむ》さんの著書はたくさんあります。『一倉定の社長学』というシリーズが十巻ぐらいありますし、今では装丁《そうてい》が変わったものが出ています。また、箱に入った本もありますし、定価が九千八百円、九千七百円の本や、定価が書いていない本もあります。定価が書いていないものは高いです。幾《いく》らで手に入るのかは分かりませんが、それくらい値打ちがあるのでしょう。

実際に、「経営指南を受けて、赤字会社が黒字になった。潰《つぶ》れかけの会社が突如《とつじょ》勢いを取り戻《もど》した」ということであれば、それは値段がつかないことです。

この方は経営コンサルタントをしていましたが、その立場からすれば、おそらく、「あなたは、億の赤字を出している会社が、一万円で黒字になると思っているわけですか。それは少し安すぎませんか」と言ってくると思います。それは、パチンコの玉を一個だけ買って打ったら、玉が山のようになる当たりが出た感じでしょう。実際は、そんなことはありませんので、「これでも安い」と思っているのでしょう。

たいていの場合、コンサルタント料や、セミナーの受講料など、経営系の料金は高いのが普通《ふつう》です。高いからこそ値打ちもあり、来る人も限られてきます。少数の人に内容を開示することによって、値打ちを上げているわけです。

また、コンサルタントといえども、同業他社、つまりライバル社に複数入れば、嫌《いや》がられる傾向《けいこう》があります。他社に会社の情報が漏《も》れることがあるので、普通は、コンサルタントをする相手は一業種一社にすることが多いのです。そうしないと情報が漏れるため、基本的には複数を相手にしたがらないわけです。

ただ、本を書いている人の場合は、ある程度、いろいろな人に読まれていて普遍《ふへん》性があるので、もう少しやっているかもしれません。一倉定さんも五千社ぐらいは経営コンサルタントとして指導をしていたようです。

「プライドが高い社長を叱《しか》る」という仕事

基本的に経営コンサルタントとは何かといえば、「社長を叱《しか》る仕事」なのです。

私も、「社長族には〝天狗《てんぐ》〟が多く、叱られることをとても嫌がる」とよく言っているので、それを聴《き》いて嫌がる社長もたくさんいるようです。ただ、「人に怒《おこ》られることがなく、すぐ周りにイエスマンができる」というのが、社長業なのです。

このように、社長は外部の人に叱ってもらわないとなかなか分からないのですが、「外部の人には、事業の中身は分からないだろう」と思って高《たか》をくくっているため、その意見を聞かないのです。そのため、コンサルタントという仕事は、社長を頭から叱りつけるようなことを、けっこうやります。

もちろん、プライドが高い社長は多いので、カチンと来てはねつけてしまうこともありますが、実際、赤字会社で倒産《とうさん》寸前となると、社長は、もう藁《わら》にもすがる思いであり、さすがに謙虚《けんきょ》になっていますので、「どうか助けてください」という感じになるのです。

一倉定さんは、そういうレベルの会社を数多く助けてきた方であり、経営のレベルでの「菩薩行《ぼさつぎょう》」をかなり行ってきた方です。

幸福の科学を霊的《れいてき》に指導していた「一倉定氏の守護霊《しゅごれい》」

一倉定さんは、一九九九年に亡《な》くなられていて、生前、私は直接の面識はありませんでしたが、幸福の科学には、この方の「守護霊《しゅごれい》」の霊的な指導、経営指導が入っていました。一九九一年以降は、特に指導してもらいました。

ピーター・ドラッカーもまだ存命《ぞんめい》中でしたが、彼の守護霊にも指導してもらいました。「世界的に有名な方々の存命中に、本人ではなく守護霊から指導を受ける」ということが、宗教的に実現していましたが、この世的な努力として、「その人の書かれた本などはしっかり読み込《こ》む」という仕事は当然ありました。

いずれにしても、一倉さんの厳しいコンサルタント人生と指導の内容を簡単にかいつまんで語ることは容易ではありませんし、それだけで分かってもらえることではないでしょう。そのことは重々知りつつも、「導入」が必要だと思いますので、まずは、そういう話をしてみたいと思います。

3　大企業《だいきぎょう》や銀行でも倒産《とうさん》が当たり前の時代

「経営は失敗するのが普通《ふつう》だ」という経営学者の考え

今回、幸福の科学大学に経営関係の学部をつくるに当たって、「経営学部」ではなく、「経営成功学部」という名称《めいしょう》を掲《かか》げたのですが、経営学者など、審《しん》査《さ》をする方々はそれを「甘《あま》い」と見て、「学部名から『成功』という言葉を取れ」というようなことを言ってきました。彼らは、「経営は失敗するのが普通《ふつう》だ」と思っているため、「『成功』を取れ」と言っているわけです。

実際に会社を見れば、倒産《とうさん》する会社はたくさんありますし、これからもたくさん倒産するでしょう。今、大会社でも傾《かたむ》いている会社や倒産間際《まぎわ》の会社はたくさんありますし、「大きいからといって潰《つぶ》れないという保証がない時代」に完全に入っています。大きい会社ほど、税金を何兆円も投入して救ってもらうようなこともあるわけです。

バブル崩壊《ほうかい》以降、統廃合《とうはいごう》され「信用」を失った大手銀行

例えば、一九九〇年代のバブル崩壊《ほうかい》以降、「絶対に潰れない」と思われていた日本の大手銀行等が統廃合《とうはいごう》して、二十行《こう》ぐらいあった都市銀行が三、四行になってしまいましたが、それは予定外のことだったでしょう。

「普通、会社は、銀行に助けてもらうものだと思っていたのに、銀行のほうが潰れるとは、どういうことなのか」と実感された方も多いでしょう。

このように、「銀行が統廃合しないと生き残れない」という時代があり、一時期、銀行にも信用がなくなりました。そのため、「預金を引き下ろして、現金を自宅の押入《おしい》れに積み上げる」「銀行の定期預金を持っていたら危ない。全部、普通預金にして、いつでも送金できるようにする。生き延びた銀行に送れるようにする」などということをしていた時期があったわけです。

銀行に信用がないぐらいであれば、ほかの会社にはもっとないでしょう。

戦後、日本を引っ張ってきた大会社がかなり斜陽《しゃよう》化しつつあることは事実です。ソニーや松下《まつした》電器（現パナソニック）もそうですし、三洋《さんよう》電機は買収されましたし、いろいろなところが傾いていきました。

国を会社として見れば、〝倒産《とうさん》会社〟に分類される

それから、銀行や大手の会社ではなく、政府自体も本当のことを言えば、「国に対して会社と同じような〝企業分析《きぎょうぶんせき》〟をして自己判断をすれば、〝倒産《とうさん》会社〟に分類されるはずだ」という認識を持っているわけです。

来年度の国家予算は、百兆円ぐらいです。要するに、「税収」と、「国債《こくさい》を売って、国民や企業から借り入れている負債のかたちの収入」を合わせれば、百兆円を少し超《こ》えるぐらいの年度予算になるわけです。

そして、政府の借金は一千兆円あるので、収入の十倍の借金があるわけです。

これは、会社で考えると大変なことです。例えば、経営学のテストにおいて、

「年商一億円の会社が、十億円の借金を背負ったらどうなるか」という問題を出したら、一般的《いっぱん》には「倒産するでしょう」と答えるはずです。

一億円の売上があっても、利益が一億円もあるわけはありません。利益はいろいろな経費を差し引いた残りになりますし、売上が一億円の会社で、最終利益は一千万円も残らないのです。

また、十億円の借金があれば、それに利子が付くので大変です。

したがって、国のほうも、実際は利子を支払《しはら》うだけでもかなり大変なわけです。せっかく納税してもらったのに、そこから利払いに充《あ》てているものもかなりあるため、何とかして、この構造を変えようと、「消費税上げ」などを主張しているわけです。

このように、国を会社として見た場合は、政府が言っているとおりの問題があると思います。会社として見れば、経営として成り立たないでしょう。

「借金先行」によって借金を返せない構造になっている

総合商社のような借入金《しゃくにゅうきん》が大きなところでも、だいたい売上の三分の一あたり、三割ぐらいが限度です。十兆円ぐらいの売上があったとしても、銀行からの借入金《かりいれきん》は三兆円か四兆円ぐらいが限度なのです。本当は返せないのですが、引き続き借りていき、三兆円の借入金の利子の部分だけを払えるだけの利益をあげて、生き残ることはできるわけです。

この銀行の貸出金を引き揚《あ》げられたら、みな、一気に倒産するようなかたちになっています。要するに「借金を返せない構造」であり、そのようになっているところがあるのです。

メーカーなどでも、だいたい、借入金はあります。

工場を建てる場合、まず、「借金先行」です。土地を買って、建物を建てて、人を雇《やと》わなければいけないので、借金が先行します。その後、商品をつくって、それを売り、代金を回収するまでには、普通は何年か、かかるわけです。

ですから、どうしても借金先行になるので、みな、「何年か後にトントンになる」という計画を考えてやっています。しかし、経済全体が上向きのときは、それでも信頼感《しんらい》があるわけです。

そうなるだろうということで、「お金を貸しても利子になって返ってくるし、元本《がんぽん》も返してもらえる」という予想が立ちました。

低成長期には金を貸す側にもリスクが出てくる

ところが、経済が低成長期になって会社が成長しなくなったら、お金を貸しても返ってこない可能性が高いわけです。

お金を貸したところが、「土地を買って工場を建てました。商品をつくりました。売れませんでした。商品が戻《もど》ってきました。在庫の山です」ということになった場合、銀行のほうは、その土地や工場をもらっても、実は困るのです。銀行員は、その工場を担保でもらったところで、どうしたらよいか分かりません。しかたないので、すべて潰してしまって更地《さらち》にし、ただの土地にして売る以外に方法はなく、結局、担保価値があまりないわけです。結果、そのようなかたちになってしまいます。

商社なども、だいたい担保になるものはほとんどありません。たいてい、大きな借りビルに入っていて、経費の塊《かたまり》です。人件費が高いので、ほとんどが人件費ですが、あとは商品の仕入れ代金等といった経費がほとんどで、利益は本当に少ないのです。最終利益は非常に少ないことになっていますので、「資金が供給されて回転していく」という循環《じゅんかん》が止まったら、潰れる可能性はあります。

そういう意味での自転車操業的なことは、どこも行《おこな》っているのです。

「異次元緩和《いじげんかんわ》」を行《おこな》っても借り手がいない現状

ただ、日本経済全体が成長期にある場合には、それでも、成長度でそれを補っていけるところはありました。しかし、今、「デフレ脱却《だっきゃく》」ということを政権としての目標にしていますが、なかなかそう簡単に脱却できる状態にはないようです。

アベノミクスの「第一の矢」で金融緩和《きんゆうかんわ》を行い、「異次元緩和」と言って、日銀がゼロ金利に、さらに量的緩和をして、ドバッとお金を出したものの、結局、銀行経由でその金を貸すところがありません。その結果、安倍《あべ》首相が、アジアの各国や中南米を回ったりしていますし、現在、インドの首相と会って話をしていますが、「今後五年間で、ODAも含《ふく》めて三・五兆円をインドに貸す」などと言ったりしています（注。二〇一四年九月一日、安倍首相は、日本を訪《おとず》れているインドのモディ首相と会談した）。

要するに、もはや、政府が直接、ほかの政府に貸すようなかたちにしないと、余ったお金を借りてくれるところがないわけです。

銀行経由で行うと、銀行がお金を貸すときに担保を取れなかったら不良債権化する可能性がありますが、取れる担保がないから、借り手がありません。

今、日銀金利が「ゼロ金利」と言っても、市場《しじょう》金利になると、もう少しはあります。ただ、それだけお金を借りる値段が安く、景気がよければ、普通は、長期投資をして、どんどん工場などを建てたり、マンションを建てたり、あるいはホテルを建てたりして、事業を拡大していけるチャンスのはずなのに、お金をたくさん出していても、みな借りずに、財布《さいふ》の紐《ひも》がギューッと締《し》まってきています。

これはなぜかというと、みなが、「これから消費税を上げてくるんでしょう？　そうしたら、もっともっと消費が冷え込《こ》んできて、会社が傾いてくるのではないか。もしかしたら、家の主人の給料が減ってくるか、あるいは、レイオフされて、クビになって、しばらく家でゴロゴロしてフリーターみたいになるのではないか。転職先を探さなければいけなくなり、就職雑誌を一生懸命《いっしょうけんめい》に見るようになるのではないか」というようなことをだいたい想像するので、お金が使えなくなり、財布の紐が固くなっているのです。

このあたりを見ても、経済というのは非常に難しいものだなと、つくづく思います。

4 「答えはお客様が知っている」

中小企業《きぎょう》や倒産《とうさん》間際《まぎわ》の会社に適応する「一倉経営学」

以上のことから、一倉定さんの経営学そのものを全体的に見ると、社長のコンサルタントに入って叱《しか》りながら指導していますし、どちらかというと、「赤字になって倒産《とうさん》間近の会社を立て直す」ということを一生懸命《いっしょうけんめい》にされた方ではあるので、会社として見たら、中小企業《きぎょう》を指導したことのほうが、数的には圧倒的に多いと思います。

ですから、彼が述べている経営理論では、やはり、数十名とか数百名ぐらいまでの会社によく当たることを言っていて、大きな会社になってくると、規模が大きいので、なかなか当たらない部分もあります。ただ、大きな会社でも、今述べたように倒産間際というような状態になれば、「一倉経営学」の言っていることも当たってきます。潰《つぶ》れるときになると、だいたいほぼ同じ状態になるので、当たるわけです。

また、「大企業」になりますと、一般《いっぱん》的には、ドラッカーが言っている経営学のほうがよく合います。

五千人以上、一万人以上の会社になると、そちらのほうがわりによく当たりますが、そうしたところは、長年かけて経営管理者を養成し、社長や重役の予備軍をたくさんつくってきているので、内部に、すでに経営ができる層がだいぶいるのです。内部に、コンサルタントや、あるいは〝軍師〟に当たるような人をたくさん育てていることを前提としていて、社長が、四年や六年で交代しても、次々と新しい社長が出せる体制になっているので、一般には、「コンサルタントが入ってどうこうする」というようなことはあまりありません。ただ、会社が傾《かたむ》いたときには、意見を言う場合があるわけです。

一方、中小企業、零細《れいさい》企業の場合は、たいてい人材がそれほど十分ではありませんので、社長一人の力量にかかっているところは非常に多くあります。

ですから、やはり、「社長に対する意見を直言《ちょくげん》できるかどうか」ということが非常に大きくて、外部の人のほうが言いやすいために、コンサルタントというかたちでしているのです。「気に入らなかったら、別に断《ことわ》ってくれても結構ですが、その代わり倒産ですよ。倒産を選ぶか、耳に痛い私の意見を聞くか、どちらかにしてください」というようなかたちになるわけです。

〝天狗族《てんぐ》〟の社長でも、ギリギリに追い詰《つ》められたら、謙虚《けんきょ》に聞く耳を持っていることもあるので、そのときに意見を聞けば助かることもありますし、もう助からないこともあります。両方があるのです。

「赤字の理由」はお客様がすべて知っている

また、一倉さんは、次のようなことを一貫《いっかん》して言っています。

これは、どこの社長もそうですし、十年も二十年も長く社長をしていると、みな、どうしてもそうなるのですが、結局、周りは〝イエスマン〟で固まってしまい、そうなると、悪い報告は社長には上げませんし、怒《おこ》られるようなことも言いませんし、社長は自慢話《じまんばなし》しかしませんので、自分の会社が傾いてきていても分からないことがあるのです。それで、物が売れなくなったりすると、「景気が悪いのかな」と思ったり、「社員が怠《なま》けているのではないか」と思って、社員にハッパをかけたり、いろいろしたりするのですが、だいたい打つ手が〝ピンボケ〟のことが多いわけです。

そして、「その答えはどこにあるのか」ということですが、「傾いている赤字会社、あるいは倒産寸前の会社の場合は、まずはお客様のところを回りなさい」というのが、一倉さんの経営理論です。「お客様が答えを全部知っている」というわけです。

「なぜ、その会社の商品が売れなくなったか。客が来なくなったか。あるいは、サービスを利用しなくなったか」ということに対する理由を、客のほうはみな知っていて、知らないのは社長のほうであることがあります。あるいは、社員も知っている場合もありますが、社長にはそれを言いませんし、または、本当に知らない場合もあるわけです。

ただ、基本的には、具合の悪いことは、たいてい上に上《あ》げないようになってくるものです。

したがって、本当に言ってきたときには、もう〝最後〟になっている場合があります。

「社長、今週はもう手形が落ちませんので倒産です」というようなことをいきなり言ってこられても、もはや打つ手はありませんから、闇金融《やみきんゆう》にでも頼《たの》み込《こ》む以外に方法がない状態になります。事前に悪い情報もつかんでいれば対策を打てるのですが、つかんでいないことがほとんどなのです。

そういう意味で、「お客様のところを回っていれば、その悪い情報は入ってくる」というわけです。

一倉さんは、「なぜ売れないのかは、お客様を回ればすぐに分かってしまうのに、それをしない〝穴熊社長《あなぐま》〟が多い」ということを言っています。〝穴熊〟という言い方をしていますが、つまり、「穴のなかに入って出てこない。要するに、社長室のなかに入って出てこない社長が多い」ということを言っているわけです。

売上が落ちていったり、赤字になってきたりしたら、やはり、実際に顧客《こきゃく》回りをしなければいけません。そうすれば、お客は、けっこう正直に、「なぜ売れないか、なぜ他社のものに切り替《か》えたか」などについて話してくれます。「ほかのものは売れているけど、ここだけ売れていないのは、こういう理由による」とか、あるいは「セールスマンの態度が気に食わない」「商品がもう古びている」など、いろいろなことを言うわけです。

こうしたことを、なかなか報告書として上には上げてくれないので、社長には分からないことが多いのです。

アサヒビールが快進撃《かいしんげき》を展開できた理由とは

古い話になりますが、住友《すみとも》銀行という銀行があったときに、そこの副頭取《とうどり》をしていた方が、アサヒビールの社長に天下《あまくだ》っていった際、「ビール屋としては素人《しろうと》だから分からない」ということで、同業他社にも回っていろいろと意見を聞いたり、さらには、取引先である卸《おろし》のところや酒屋さんなど、いろいろなところを回って、「うちのビールのどういうところが問題なのでしょうか」と訊《き》いて回ったそうです。すると、つくって時間がたち、気が抜《ぬ》けたビールはおいしくないものですが、まず、「うちの会社は、そうしたビールを平気で押《お》しつけて置いておく」ということが分かりました。

そのため、社長は、製造年月日の古いビールを、赤字覚悟《かくご》で、全部捨てさせたのです。「お客さんに、気の抜けたビールなど飲ませない」ということで、古いものをすべて捨てさせました。

さらに、「お客さんは、『コク』と『キレ』のあるビールを欲《ほっ》しているのに、そういうものをつくれていない」というような意見を聞いたのです。

当時、アサヒビールは、シェアが十パーセントを割るところまで落ち込んでおり、一方のキリンビールは、首位で、六十パーセントを超《こ》え、完全に独占《どくせん》体制に入るレベルまでいっていました。しかし、その後、アサヒビールは、「アサヒスーパードライ」という商品で、これを逆転する快進撃《かいしんげき》を展開したのです。ビールについて素人だった人がやったけれども、そういうことが起きました。そういう意味で、答えは市場《しじょう》のほうにあるため、それを謙虚に訊いて回ることができなければ分からないことはあるし、普通《ふつう》は言ってくれないものなのです。

5 社長に「諫言《かんげん》」できる人を持つことが倒産《とうさん》を防ぐ鍵《かぎ》

耳に痛いことも受け入れるだけの「大きな器《うつわ》」が必要

また、昔から、中国の古典などでは、帝王学《ていおうがく》として、「諫言《かんげん》、つまり、耳に痛いことを言うことが大事だ」ということがほめ称《たた》えられているのですが、それを歴史的な物語として読むことはできても、実際の問題として捉《とら》えることは、なかなか難しいと思います。

例えば、中国のように皇帝がいるところで、周りにいる人が横から、「ここがよろしくありません」というような意見を進言するとしたら、気をつけないと、相手によっては自分の命がありません。すぐ処刑《しょけい》される場合もありますから、「命懸《いのちが》け」ということになります。

このあたりについては、「器《うつわ》」の問題もありますが、だいたい、自分も判断が十分につかない段階であれば聞いてくれても、自信を持ってやっている場合は、なかなか聞いてくれないことがあるのです。

また、戦《いくさ》があるときなどは、軍師や将軍たちが集まって、軍議が行われますが、このやり方自体は、いちおう、今の経営にも生きていると思います。

例えば、各営業本部長、あるいは、財務・経理や審査《しんさ》など、いろいろな間接部門の方が集まって、会議をすることがあるでしょう。

ただ、戦における軍議の場合には、軍師も意見を言うし、ほかの人も意見を言うけれども、その場で述べたことについての責任は問わないかたちにしなければいけないのです。要するに、いろいろな意見、あるいは、両方の意見を聴《き》きつつ、大将が最終判断を下《くだ》します。自分の意見でなくとも、「どれを受け入れるか、どれを受け入れないか」を判断し、判断責任を取るというのが大将の責任なのです。

その意味で、軍議というものは、「意見を出しても、採用されず、却下《きゃっか》されることがあるけれども、それについて責任が問われるわけではない」という前提で成り立っていました。

そのため、参謀《さんぼう》は、大将の耳に痛いことも、かなり言いますが、そういうことを聞いて、それに耐《た》え、受け入れられる器であることは、なかなか難しいけれども、大事なことではあります。

器が小さいと、諫言を受け入れないため、周りは、ご機嫌《きげん》取りをする人ばかりになり、結局、敵に滅《ほろ》ぼされるようなことが起きたりすることもあるのです。

豊臣秀吉《とよとみひでよし》に「戦うべきではない」と諫言《かんげん》した黒田官兵衛《くろだかんべえ》

現在、ＮＨＫでは、「軍師官兵衛《かんべえ》」という大河《たいが》ドラマが日曜日に放送されています。

竹中半兵衛《たけなかはんべえ》という先輩《せんぱい》格の軍師が亡《な》くなったあとは、黒田《くろだ》官兵衛が秀吉《ひでよし》の軍師として残っていましたけれども、その官兵衛がいない間に、秀吉軍は、徳川《とくがわ》軍に一泡《ひとあわ》ふかせてやろうとして戦いを挑《いど》んで、二倍の戦力があったにもかかわらず、小牧《こまき》・長久手《ながくて》の戦いで敗れてしまったのです。

「敵が出てきている間に遠回りをして、敵の本拠《ほんきょ》を突《つ》けば、敵は大慌《おおあわ》てになり、総崩《そうくず》れになるだろう」と思って戦ったところ、敵に、それをきちんと見抜《みぬ》かれていて、逆に返り討《う》ちに遭《あ》ってしまい、小さな戦いではあったのですけれども、敗れました。

結局、この小さな戦いで敗れたことが、その後の関ケ原《せきがはら》の戦いで、家康《いえやす》方に味方する人が増えたことや、最終的には、家康の天下にまでつながっていくわけです。

「作戦を立てて、自分がやりたい」と言った人がいたため、それを受けてやらせたところ、失敗したのですが、家康のほうの知恵《ちえ》は、そのくらいお見通しでした。「そのくらい狙《ねら》ってくるだろう」と最初から分かっていて、待ち構えていたところに、まんまと引っ掛《か》かったわけですが、これは、「知力戦」です。

官兵衛のほうは、それを分かっていたけれども、当時は現場におらず、西のほうにいました。

ドラマでは、その後、取り巻きである石田三成《いしだみつなり》以下、小姓《こしょう》上がりの人たちが、「こちらは大軍だから、今なら家康《いえやす》を叩《たた》けます。戦って勝ちましょう」と言うと、秀吉も、「『上洛《じょうらく》しろ』と言っているのに来ないのは、けしからん」と言っていました。ところが、官兵衛は、「家康は強いです。だから、戦うべきではありません」と、耳の痛いことを言ったのです。

「わしが負けると言うのか！」と言う秀吉に対して、官兵衛は、そうだとも言えないため、「家康は強いです。それは、三河《みかわ》の軍団が結束しているから強いのです。豊臣《とよとみ》の軍団は、織田《おだ》の跡《あと》を受け継《つ》いでやっているけれども、まだ結束は弱く、バラバラです。みんな利害を考えて動いているので、三河武士のような結束の強さがありません。だから、戦うべきではありません。徳川を攻《せ》めて、大量の犠牲《ぎせい》を出しつつ、勝てるかどうか分からない戦いを挑むよりも、今はまだ平定《へいてい》できていない四国を、まず押《お》さえて、次に九州を平定することです。そうすれば、向こうのほうから、臣下《しんか》の礼をとってやってくるでしょう。四国と九州のほうを先に攻めるべきです」という進言をしています。

秀吉は、悔《くや》しいけれども、それを聞いたわけです。ただ、その悔しかった面は、官兵衛をあまり大きな大名《だいみょう》として優遇《ゆうぐう》しなかった点に出ています。「残しておいて、自分のあとに天下を取られたらいけない。こいつに天下を取られるかもしれない」と思い、九州のほうに配置し、小《しょう》大名として残していたわけです。

いずれにしても、官兵衛が言ったことは、実際、そのとおりになります。彼には先が読めるのです。

また、秀吉は、毛利《もうり》軍との戦いで、高松城《たかまつじょう》の水攻めをしているときに、「信《のぶ》長《なが》が光秀《みつひで》に討たれた」という訃報《ふほう》が入ってきたため、毛利軍と一日で和睦《わぼく》し、「中国大返《おおがえ》し」をしました。そのときに、官兵衛は、秀吉に、「殿《との》。ご武運《ぶうん》が開けましたな」と言ったのです。

俳優の岡田准一《おかだじゅんいち》さんは、「この一言《ひとこと》が言いたくて、主演を引き受けた」と言っていますが、「信長が討たれた」という情報を聞いたとき、みなパニックになり、「どうしたらよいか分からない」という状態だったのに、官兵衛は、そのときすでに、「秀吉の天下が来る」ということが読めており、「ご武運が開けましたな」と言って、あとの道筋を示しました。頭がよい軍師であり、怖《こわ》いぐらいです。頭のよさを誇《ほこ》っている秀吉よりも、さらに先の読める者がいたわけですが、こういう人を警戒《けいかい》しつつ、使わなければいけないというところもあったのでしょう。

そういうことで、官兵衛が、「家康と戦うべきでない」と言ったために、一時期、秀吉の天下、つまり、安土桃山《あづちももやま》時代が来たわけです。

一方、家康は、その後、ジーッと待って、有力大名が亡くなったあと、天下平定に乗り出していくことになります。

諫言《かんげん》する文化を取り入れることは簡単ではない

「耳に痛いことを言う」ということですが、今で言えば、ライバル会社と戦っている社長が、「今なら、うちのほうに力があるから叩いてやるか」と言っているときに、「叩いても勝てませんよ」と言う幹部がいたらどうなるかということです。

「あそこの商品は、よく売れていて、人気があります。うちの商品は、人気がなくて売れません。戦いを挑んだところで、返品の山です。その後、在庫の山になって財政が圧迫《あっぱく》され、倒産《とうさん》になるだけです。それより、今は耐え忍《しの》び、製品をよくするために、頑張《がんば》って研究・開発をしなければいけない時期です」

というようなことを、営業をし、広告をかけて戦いたがっている社長に進言するのは、猫《ねこ》の首に鈴《すず》をつけるネズミと同じで、実に怖いことでしょう。

これを聞いて、収まる社長ならよいのですが、収まらない人であれば、クビにされてしまうこともあります。

そういう意味で、諫言《かんげん》とは、実に難しいことなのです。この文化を取り入れるのは、そう簡単ではありません。それが、なかなかできないために、今、コンサルタント業というものがあって、外部から言う場合もあるわけです。

ただ、それも外れる場合もあるので、これは難しいところです。その業界についてよく知らないので、理屈《りくつ》でやる場合、特に、数式系の数字のほうを見て、チャートをいろいろつくったりして、分析《ぶんせき》してやるような系統では、外れるものもあるわけです。

要するに、「人間の感情」のところで、「お客さんの好みと感情がどういうふうに動くか」が分からなかったりする場合もあって、計算倒《だお》れになることもあります。このへんは難しいところでしょう。

短期間で成果を上げようとする〝アメリカ流経営〟の問題点

コンサルタントは、短期間で成果が上がるようなことをよく勧《すす》めるのですが、「そのあとが悪い」というところがけっこうあるわけです。コンサルタントに入っているときだけは成果が上がって、しっかり報酬《ほうしゅう》をもらって、その後しばらくすると悪くなるというケースもよくあるので、これは気をつけなければいけないところです。

例えば、アメリカ帰りのコンサルタントにも、そういう短期で成果だけを上げるスタイルの指導をする人も多いので、それが「長期的には強みのところを殺す場合もある」ということも知らなければいけないでしょう。

このへんは、最近、パナソニックでも起きたと思います。「家族主義経営」で、ずっと技術者を大事にしていたところが、アメリカ流のリストラをしたあと、技術者が帰ってこなくて新製品の開発ができなくなってしまいました。

また、ソニーでも技術者の流出はかなり続いているとも言われています。これも、外資系の社長が入って、ドラスティック（抜本的《ばっぽんてき》）な経営改革をしたので、目先の成果を上げようとしたのだろうと思います。

しかし、「技術を大事にする文化」というのは、そう簡単にできないでしょう。長い時間をかけないとできない文化なので、そのへんのところを見落としたら、だんだん長期的に傾《かたむ》いていくということが起きてくるわけです。

そういうこともあるので、コンサルタント業も難しいことは難しいです。とても難しいことではありますが、そういう社員、あるいは、幹部に代わって、社長に耳の痛いことを言ってきます。

ただ、クビにされる代わりに、コンサルタント契約《けいやく》を打ち切れば、それで終わるわけですから、その人が死ぬわけでも何でもないので、そういう役割としてやっているのでしょう。

それに、外の人に言われた場合は、社長のプライドが傷つかない場合もあったりするし、五千社も経営指導しているような人から言われたら、「そうかな」と思って聞く場合もあるということで、社長を謙虚《けんきょ》にさせる役割もあるわけです。

6　現場を見ない「穴熊《あなぐま》社長」が会社を潰《つぶ》す

現場に足を運ばない〝穴熊《あなぐま》社長〟が倒産《とうさん》の原因の一つ

そういうことで、たいていの場合、倒産《とうさん》の原因の一つとしては〝穴熊《あなぐま》社長〟で、全然現場を見ていない人がいます。

例えば、日報だけを見ていたりすると、セールスマンはいろいろな重要な営業箇所《かしょ》を回っているように書いてあるのです。

しかし、実際にお客様のところへ行ってみたら、「えっ？　全然来てませんよ。

最近、何カ月も見たことがないです」と言っているわけです。

ただ、報告では確かに行ったことになっているのですが、これくらいは喫茶《きっさ》店で書けるのです（笑）。書いて出すぐらいはできるので、報告や書類業務だけをしていると、行っていることになっていることもあります。

しかし、現実に社長が取引先へ行ってみたら、「いや、全然来たことはありませんよ」とか、「『この商品が切れたから、入れてくれ』と言ったのに、いつまでたっても入れてくれませんよ」とか、そういう話をたくさん聞かされるわけです。

そのように、「うちの営業員は何をやっているんだ!?」というようなことが、お客様のところへ行ったら分かることもあります。

実際、営業員は営業に行かずに映画館や喫茶店へ行ったりして、業務日報だけを出して終わりで、上の人が判子《はんこ》をついているだけのこともあるわけです。

残念ながら、そういうことはよくあります。

つまり、「悪い報告」はあまり書かないで、「いい報告」だけはしっかり書いたり、クレームを入れられたことは書かないで、ほめられたことだけを書いて出したりするわけです。そういうことはけっこうあるので、気をつけなければいけません。

企業《きぎょう》規模によっては〝性善説〟の経営だけでは躓《つまず》くこともある

さらに、「創意工夫《くふう》も、レベルの問題はあるので、レベルを超《こ》えて、見逃《みのが》しているところがあると失敗する」ということも言っています。

一倉さんが例で挙げているものに、天ぷらを売っていた店の話があります。天ぷらの売上がなぜ落ちたのかが分からなくて、「どうもおかしいな」と調べてみたら、なんと、天ぷらを揚《あ》げている現場のおばさんのアイデアで、「揚げる油を安い油に変えた」ということでした。「これはコスト削減《さくげん》になるから、上司に喜ばれる」と思って、安い油に変えて天ぷらを揚げるようになったら、味が落ちたわけです。

ただ、揚げているほうは「味が落ちた」なんて全然気にしていないし、「店に貢献《こうけん》した」と思っていることもあります。しかし、「なんで売上が落ちたんだろう?」と思って調べてみたら、天ぷらを揚げる油を節約して、自主的に安いものに変えていたわけです。

また、コロッケのお店の話もあります。上のほうは、なんで売れなくなったかがさっぱり分からないのですが、何のことはなく、現場を回ってみてお客さんに、「どうしてですか？」と訊《き》いたら、「まずいから売れないんですよ」と言われたわけです。

これは、衝撃《しょうげき》の〝打ち込《こ》み〟でしょう。「おたくのコロッケはまずいから、みんな、どこそこの店のコロッケを買っています」と言われ、衝撃の〝一打ち〟で、売れない理由が分かったこともあります。

このように、「創意工夫をしてくれたつもりが、味が落ちていることに気がつかなかった」ということを、例として挙げています。

ある意味で、ドラッカリアン、ドラッカー流経営は、「〝善意〟の経営」で、「人に任せて大きくするやり方」なのです。大きくなった会社はみんな、流れに乗って、成功の軌道《きどう》に乗っているときに、そういうかたちで周りを広げていって、人に任せて成長させて大きくなるわけです。

非常に〝性善説〟的な経営法なのですが、倒産型の会社の場合は〝性善説〟は必ずしも通らないことのほうが多くて、〝性悪説〟が通る場合もあるので、これも知っていなければいけないところでしょう。思わぬところで躓《つまず》くというようなことはあるので、それを知らなければいけません。

昔はあった、消費者に嫌《いや》がられる〝経営努力〟

例えば、今はさすがに行き渡《わた》っているので、ないとは思いますが、昔はコンビニエンスストアのようなところで牛乳やジュースなどを仕入れる場合でも、外から来た配送業者が並べ替《か》えをするときに、「古い日付の商品を前に出して、新しい商品を奥《おく》に入れるのが経営的には優《すぐ》れている」と言われていました。

つまり、新しい商品を奥のほうに入れて、古い牛乳やジュースから飲ませようとしたら返品がなくなります。古い商品を早くさばいてしまって、消していくわけです。

ところが、お客さんのほうは、「まだ大丈夫《だいじょうぶ》です」と言われても、一週間前の日付の牛乳なんて飲みたくないでしょう。製造年月日を見て、「今日、仕入れたものだ」という新しいものを飲みたいのに、そういう商品を奥に入れて、古い商品を前に出すようなことを努力してやっていたわけです。

それで、「何でうちの商品は売れないのかなあ」と思ったら、実は社員がそういう〝経営努力〟をやっていることもあります。

これは、「先入れ先出し」という方法ですが、「新しい商品を奥へ入れて、古い商品を先に出す」という方法が経営指導としてあった時代もあるのです。

最近は、それは許されなくて、優秀《ゆうしゅう》なコンビニになると一日三回ぐらいの配送をしていて、工場でつくって朝昼晩と三回ぐらい新しい商品を入れています。その日のうちでも味が落ちるからでしょう。

例えば、おにぎりやお惣菜《そうざい》でも何でもそうですが、時間がたてば味が落ちますので、強いところは配送できる範囲《はんい》内に工場を持って、一日三回ぐらいつくって送ってくるというようなことをするのです。丸一日たったらいろいろなものがカリカリに乾《かわ》いてきたり、硬《かた》くなったりして味が落ちるので、そうする場合もあります。

いずれにしても、「創意工夫しているようで、失敗しているものはけっこうあるのだ」ということです。現場に行かないとなかなか分からなくて、そこで苦情を聞いたり、いろいろ意見を聞いたりすることが大事だということです。

トップが現場を回る際の注意点

例えば、当会でいうと、私が支部巡錫《じゅんしゃく》で説法《せっぽう》をするときは、職員は衛星中継を通して本部で映像を観《み》ていることが多いわけですが、いちばん肝《きも》が冷えるときは、質疑応答でとんでもないものが出てきて、総裁が「えっ!?」と言うような場合でしょう。

「えっ!? そんなことを言っている人がいるのですか!」とか、「えっ!? そんなことが分かっていないのですか」というような反応をしたときが、いちばん衝撃のときで、できたら避《さ》けたい場面でしょうけれども、現場を回っているとそういうものが出てくることがあります。

しかし、先を越《こ》されて〝事前指導〟をされていて、前の日にレクチャーされて、質問を全部集めて、支部や地方本部、本部の責任にならないように内容をチェックされる場合もあるので、このへんは〝駆《か》け引き〟です。隙《すき》を見せれば、すぐそういうことを必ずやります。

それは、官僚《かんりょう》がやっているようなことと同じことですが、事前にそういう練習をしていて、こちらが現場を回っているつもりでも〝想定問答《もんどう》〟どおりにやられている場合もあるのです。その場合は、「無意味」ということにもなりますので、このへんは気をつけなければいけませんが、難しいところだと思います。

ただ、一般《いっぱん》的には、「現場を回っていない〝穴熊社長〟が倒産のもとになっていることが多い」ということは一つ言われています。

7　「よいものを高く売る」という経営学

「経費節減」よりも「お客様が欲《ほ》しがるよいもの」を

また、「一倉定の経営学」的には、一倉さんが出している一万円の本を見ても分かるように、やはり、「よいものを高く、きちんと売る」ことを勧《すす》めています。

倒産《とうさん》する会社というのは、悪いものを安く売ろうとする傾向《けいこう》があるわけです。「安ければ売れる」と思って、悪いものを安く売ろうとして、結果は、返品の山になっているようなことが多いと思います。

結局、大事なことは、この人の考え方によると、一つなのです。

「社長が〝穴熊《あなぐま》社長〟で会社のなかにずっといる場合、一般《いっぱん》的には、経費節減をまず言い始めるので、みんな〝ケチケチ運動〟をやって、経費を落としていく。

そうすると、先ほど述べたように、天ぷらの味が落ちたり、いろいろなものの品質が落ち始めたり、古いものを売ろうとしたり、いろいろし始める。

経費節減だけをやると、そのようなことが起きるので、気をつけなければいけない。だから、それよりも先に、やはり、お客様が欲《ほ》しがるものをつくることに全力を投入するべきだ。

食べものであれば、まずは、うまいものをつくれ。原材料費は考えなくてもいいから、とにかく、うまいものをつくれ。そうすれば売れる」

一倉定さんは、基本的には、そうした考え方を持っています。「それが、経営を立て直すための一つの方法だ」ということを強く言っているのです。

JAL《ジャル》に見る「経費節減第一」主義の危険な面

たいていの場合、大きな会社では、稲盛和夫《いなもりかずお》さんも言っているように、「売上最大、経費最小、利益最大」、つまり、「売上を最大に上げて、経費を最小に抑《おさ》えれば、やはり、利益は最大になる」という簡単な計算式を示し、みんなにそれを浸透《しんとう》させて、経営を行っていますし、稲盛さんの会社も、マクロでは、今のところ成功しています。

ただ、稲盛さんがＪＡＬ《ジャル》（日本航空）を再建したあと、政府専用機の整備は、ＪＡＬからＡＮＡ《アナ》（全日空）に移ろうとしています（注。二〇一四年八月十二日、政府は、二〇一九年度より導入する政府専用機の後継機種《こうけい》と、その整備業委託《いたく》を決定した）。

やはり、政府は、「ＪＡＬが整備で経費節減しているのではないか」と、やや怖《こわ》がっているわけです。つまり、ＪＡＬが整備のほうで少し手抜《てぬ》きをして、「安くあげよう。経費節減しよう」として、政府専用機が落ちたりすると嫌《いや》なので、整備をＡＮＡのほうに移そうとしているのです。

その意味で、この思想には、やや簡単すぎて、危ない面も一部あるわけです。やはり、「お客様第一」ということを考えれば、絶対に、飛行機などは墜落《ついらく》してはならないし、事故があってはならないわけで、その整備、あるいは、部品の故障などに対しては、お金のことなど言っていられないという、「お客様の人命第一」という主義を取らなくてはいけません。

そうしないと、飛行機というのは、付加価値を生まないし、みんな乗らなくなるものなのです。

そのようなことがあって、何でも「経費節減第一」だけでやると、悪いものになってくる傾向はあるので、気をつけなくてはいけません。

経費が増大して赤字になっている場合、一時的には、経費を減らせば効果は出ます。売上を上げて、経費を落とせば、明らかに効果は出ますが、長い目で見たときには、「経費節減だけをずっとやり続けると、悪いものが出始めるので、客が離《はな》れていく」ということが起きてくるわけです。

これに対して、一倉定さんは、やはり、「中身をよくしていかなくては駄目《だめ》なのだ。最高のものをつくろうと努力して、心を込《こ》めてつくればこそ、長くお客様に愛されて、繰《く》り返し、リピート客が出てきて、ファンができ、経営は黒字化、好転していくのだ」という考え方を説いているのです。

「峠《とうげ》の釜《かま》めし」に学ぶ、心を込《こ》めた「お客様第一主義」

その一例として、一倉定さんは、駅弁の「峠《とうげ》の釜《かま》めし」を挙げています（一倉定著『社長の販売学』参照）。これは、夏に軽井沢《かるいざわ》方面に行く人は、よくご存じのことだと思いますが、お釜の形をした陶器《とうき》のなかに、炊《た》き込《こ》みご飯を入れている弁当です。ただ、若い人は現在の新幹線が通ったあとのことしか知らないかもしれません。

一九九八年に長野《ながの》で冬季オリンピックが行われたころに、長野新幹線が通ったのですが、その前は、関東から長野県に行く際には、「横川《よこかわ》」という駅でいったん止まって、補助機関車を連結しなくては電車が峠を上がらなかったために、横川の駅で、五分間ほど停車時間がありました。

そのときに、「峠の釜めし」を売りに、販売員がみんなで一列になって出てくるのですが、その約五分間で、私も買ったことがあります。ただ、実際に買うのは、原則、秘書ですけれども、以前、買ったことがあります。その時間内に買わないと買いそびれるので、ドッと人が出てきて、みんな、一斉《いっせい》に釜めしを買いに走っていました。

その駅弁屋について、一倉さんがほめているのは、「先代の男性の主人が亡《な》くなって、女主人が跡《あと》を継《つ》いだあとも、心を込めてやっている」ということです。

要するに、いつも炊き立てのものを持っていけるように、電車が到着《とうちゃく》する時刻に合わせてご飯を炊いており、そこまで心配りしていたわけです。そのため、みんな、「炊き立てだ」ということをよく知っており、人気が衰《おとろ》えなかったのです。

横川駅で、販売員は、電車が停車している約五分間で販売しなくてはいけなかったのですが、販売が終わったあとは、みんな最敬礼をし、電車が見えなくなるまでお辞儀《じぎ》をしたままでいる姿も、なかなかの見物《みもの》でした。

ただ、それも、今はもう見られない風景になりました。この駅弁屋については、新幹線が通ったあと、「潰《つぶ》れるかな、どうかな」と、私もかなり気にして見ていました。せっかく、「一倉定の経営学」で取り上げてほめてくれているのに、新幹線が通っても、横川駅には止まらなくなったので、「これは潰れるかな」と思っていたのですが、潰れないでいます。今度は、バスのターミナル等で販売するなど、ほかのところに売り場をつくって、まだ続いているようです。

もちろん、味がよいことも当然ですが、やはり、「心を込めてやったものは、客が離れない」というところがあるわけです。そうしたことを一倉定さんは奨《しょう》励《れい》しています。

そのようなわけで、「中身を少しずつ減らして、値段を下げて儲《もう》けよう」などと考えてはいけません。「卵を一個減らしてやろうか」とか、「ここに入る椎《しい》茸《たけ》を少し安いのに変えよう」とか、「安い外国産のものにしよう」とか、そうした〝工夫《くふう》〟をして利益を上げようとするのではなくて、やはり、「いちばんおいしいものを食べてもらおう」とする気持ちが、お客様に通じるわけなのです。

8　ホテルや旅館は小さなミスが命取りになることもある

「無言で来なくなる」お客様の気持ちを実感した体験

これは、旅館などでも同じことだろうと思います。「リピーターがつく旅館」になるためには、やはり、「心配りが、どこまで行き届くか」ということが大事でしょう。

人は、嫌《いや》なところには、もう二度と泊《と》まりませんし、たいてい、来なくなるお客様の場合は、一倉定さんがよく言っているように、〝無警告首切り〟で、一方的に打ち切るだけです。要するに、買わなくなるだけ、使わなくなるだけで、「なぜ買わないのか、なぜ使わないのか」ということは言ってくれないのです。

そうしたお客様は、勝手に、「お店に来なくなる」「お店のパンを買わなくなる」「お店のケーキを買わなくなる」「ご飯を食べに来なくなる」「ラーメンを食べに来なくなる」だけで、「それはなぜか」という理由を言ってから、来なくなったりはしないわけです。まったく無警告で打ち切ってきて、店の人が嫌がるようなことは、わざわざ言ったりしないのです。

それは、ホテルであっても同じで、泊まって感じが悪ければ、もう二度と泊まりません。それだけのことです。

しかし、その簡単な積み重ねが、大きなものを生むことがあります。

以前の経営系の話でも述べたことがありますが（『経営入門』『智慧《ちえ》の経営』『不況《ふきょう》に打ち克《か》つ仕事法』〔いずれも幸福の科学出版刊〕参照）、千葉《ちば》県の浦安《うらやす》のほうでセミナーを行う前の日に、新しくオープンしたばかりのホテルに泊まったことがあります。

そのときに、ルームサービスでコーヒーを注文したところ、運ばれてくるのにずいぶん時間がかかり、三十分後ぐらいに、ようやくコーヒーが来たのですが、そのコーヒーを注いでみると、もうぬるくなっていたのです。

しかし、ぬるいコーヒーなど、飲めやしません。おそらく、ホテルのなかを上手にさばき切れなくて、持って出てくるのが遅《おそ》くなったのでしょう。

コーヒーの値段というのは、ホテルに泊まる料金から見れば、それほど大した値段ではありません。そのとき、ホテルの部屋は、かなりよい部屋を取っていたので、何万円もするような、ものすごく高級な部屋だったはずです。そうした、何万円の部屋に対して、コーヒーは、千円、二千円ぐらいのものかもしれません。

しかし、要は、「冷《さ》めかかっているような、ぬるいコーヒーを一回持ってこられたら、もうそれだけで、そのホテルには二度と泊まらない」ということです。

セミナーが終わって帰るときに、いくら、社長以下、みんな出てきて、「ありがとうございました」と頭を下げたとしても、「もう泊まらない」と、やはり思います。そうしたことはあるわけです。

「ホテルマン」や「運転手」に見る「サービス業」の難しさ

あるいは、以前、新設のホテルに、経費節減のために、通常の人数を連れていかずに、運転手だけ連れていって、泊まったことがあります。

その運転手は、秘書業務にあまり慣れておらず、言葉があまり上手ではなかったのですが、チェックアウトのときに、彼が「ホテル代金は、先に振《ふ》り込《こ》んであるはずです」と言うと、向こうが「そんなはずはありません。振り込まれた記録がありません」というようなことを言って、押《お》し問答《もんどう》を延々とやり始めたのです。

それで、向こうの支配人が上がってきて、その従業員に、「君はそう言うが、お客様が『料金は、もう払《はら》ってあるはずだ』と言うのだから、もう一回、調べてみたほうがいいんじゃないか」と言ったりして、何か、無銭飲食した人と間《ま》違《ちが》われているような感じになったことがあります。

その運転手は、自衛隊から採用した人で、つい直前まで自衛隊の空挺《くうてい》部隊にいた人でした。高度二百メートルからパラシュートで千葉の山のなかに降りて、一週間、食料なしで、トカゲを食べながら行くような、北朝鮮《きたちょうせん》を攻《せ》めにいくような訓練をしていた人であり、「将校の車の運転をしていた」というので採用したのですが、ジープの運転などをやっていたようなのです。

そのため、道路の右側も左側も関係なく、いきなり、バーンと車を停めるようなところがあって、周りの人からよく怒《おこ》られるので、私もひやひやしたことがありました。

例えば、東京ドームで講演会を行ったときのことですが、東京ドームは、道路の左側に面しているので、「左右のどちらから回っていけば、入り口に入れるか」というと、車は左側通行なので、左車線から車庫のほうに入れるルートで回らなくてはいけません。

ところが、その運転手は、反対の右車線のほうを回ってきて、「道の向こう側に待っている人たちがいる」というわけで、そこへ、急転回して入ろうとするので、大ごとになったことがありました。

もう、「周りはワーッとなるわ、警官は飛んでくるわ」で、いきなり、そうなったのですが、自衛隊であれば、そんなことは関係ないでしょう。自衛隊の野戦《やせん》訓練であれば、山のなかのどこを走ろうと、平地で右へ走ろうと左へ走ろうと、そんなことは関係ないわけです。

しかし、普通《ふつう》の車であれば、やはり、左側通行で交通ルールを守らなくてはいけないのですが、たまたま、下調べが十分ではなかったのでしょう。反対側の車線を走っていたために、対向車線を横切って、いきなり、東京ドームへ突《つ》っ込んでいこうとして、制止され、トラブルになりました。

また、東京の羽田《はねだ》空港などでは、空港のビルに入っていく玄関《げんかん》の前に、バスターミナルなどから続いている横断歩道がありますが、その横断歩道のど真ん中へ、バッと車を停めたりするので、周りから、「いったい何様だと思ってるんだ!?」というような非難の声を囂々《ごうごう》と受けているのですが、彼はへっちゃらで停めているのです。

横断歩道の真ん中に車を停めるので、「これは怒られるだろうな」と思って、私は恐縮《きょうしゅく》しているのですが、運転手のほうは、「車から降りて、すぐに飛行機に乗れるように」と、いちばん近い入り口のところに、サービス精神として停めたわけです（笑）。

「ほかの人が怒っている」ということなど、千葉の自衛隊の訓練所ではまったく関係のないことでしょうから、非難の意味がよく分からずに停めていましたが、周囲から「何様だと思ってるんだ」という声をかけられると、さすがに私も恐縮するものがありました。

その人はタクシーやハイヤー等の訓練をしたことのない人だったため、別に悪意ではなかったのですが、そういうこともありました。

ホテルで「宿泊料《しゅくはくりょう》はすでに入金しているはずだ」というトラブルがあったときにも、ホテル側がいろいろと電話をかけたりして、しばらくしてから、お金が入っていることが分かって解放されたようですが、「泊まり逃《に》げ」と間違われる寸前だったわけです。「誰《だれ》の名前で、幾《いく》ら入金したか」という情報をきちっと正確にキャッチしていなかったのでしょうが、そんなことで揉《も》めたこともありました。

このように、サービス業が絡《から》んでくると、いろいろな意味でなかなか難しいところがあるのです。

9 「顧《こ》客《きゃく》第一主義を徹底《てってい》せよ」

「顧《こ》客《きゃく》第一主義」も、気をつけないと〝押《お》しつけ型〟になる

先ほど述べたように、一倉定さんは、「〝穴熊社長《あなぐま》〟は、まずお客様のところを回れ」と言いましたが、商品や物をつくる場合でも同じように、「顧《こ》客《きゃく》第一主義（お客様第一主義）を徹底《てってい》せよ」ということを言っています。

これは、ほかの経営学でも言ってはいることですけれども、現実にその商売をしているところで指導をした人でなければ、「顧客第一主義」の意味はそう

簡単に分かりません。気をつけないと、やはり〝押《お》しつけ型〟になるのです。「こちらがつくれるもの」だけを提供したり、「こちらができるサービス」だけをしたりするということはよくあります。

昔は、特に国有のもの、民営化していないものには、ずいぶんと横柄《おうへい》なところがありました。「国鉄は、JRになってからだいぶよくなった」などと言われていますが、国鉄の時代にはずいぶん横柄だったと思いますし、JRになってからも横柄な体質がまだまだ残ってはいました。

要するに、「そこを通らないかぎり、ほかに乗り物がない」というような場合でライバルがいないときには、けっこう威張《いば》っていたように思います。

「無賃乗車」と誤解されてＪＲ職員から怒《おこ》られた経験

例えば、こんなこともありました。

昔、私が家族と何人かの秘書と共に地方から帰ってきて、東京駅で降りたところを、若手の秘書が出口で迎《むか》えてくれたことがありましたが、「改札口を一人ひとり通るのは大変だろうから」ということで、事前に窓口の人にお願いし、ＪＲ職員の通用口を開けて通れるようにしてもらっていたのです。

ところが、待っていた秘書は頭を下げて最敬礼していたため、私たちがまとまってそこを通ろうとしているときに、周りがまったく見えていなかったのでしょう。ちょうどその横をゾロゾロと通りかかった運転士たちが、改札口で切《きっ》符《ぷ》を出さずに出ようとしている私たちを見て、「何だ、これは。切符を出さずに出るつもりか。おまえの切符を回収しなければいけない。どういうつもりだ！」という感じで〝説教〟してきたのです。

それは、窓口の人と事前に話して、そうすることになっていたのですが、肝《かん》心《じん》の秘書のほうは最敬礼していて、まったく周りが見えていなかったため、私たちのほうが怒《おこ》られ損のようになってしまいました。

そのときにスーツでも着ていれば、まだ多少は偉《えら》い人かと思われたかもしれませんが、ちょうど夏休みだったので、子供連れでTシャツを着て歩いており、普《ふ》通《つう》の家族連れにしか見えなかったらしく、怒られたわけです。

それからは、「本当にきちんと合意を取れているかどうか、秘書の根回しは信用ならない」ということで、二度とそういうことがないように、今は私たちも自動改札口に一枚一枚切符を入れています。

そういうことをうまくできる人がいれば大丈夫《だいじょうぶ》なのですが、ただ突《つ》っ立っているだけの人や、最敬礼しているだけの人の場合には、こちらが怒られることもあるわけです。

これも、外の恥《はじ》か内の恥か分かりませんけれども、サービスをしたつもりが、無賃乗車と間違《まちが》われて怒られ、恥をかきました。

運転士の立場から見て、「何だ、これは。俺たちの通用口から出る客なんか、いていいのか」という感じで怒られたわけですが、私が駅のほうに言いたいこととしては、いくら何でも、それだけの団体客がタダ乗りをするわけがありませんから、「何か話でもしてあるのかな」と、もう少し気を回してもよいと思うのです。

当会の地方本部長などで根回しのよいところは、駅長まできちんと話を通していることもあります。昔、東北へ新幹線で行ったとき、普段は気がつかないようなところに、天皇陛下《へいか》や皇太子殿下《こうたいしでんか》などが乗るエレベーターがあって、初めて別ルートから外に出たこともありました。

事前に根回しをして、きちんと話をつけていれば、何も問題はないこともあるわけですが、このあたりは「能力の問題」でしょう。根回しをする人の能力によって、そのように出られる場合もあれば、怒られる場合もあるわけです。

ですから、「サービス業」とは実に〝不便〟なものです。私もいろいろな経験をしました。

顧客《こきゃく》にとって民営化や市場競争での「サービス合戦」はよいこと

とにかく、お客様にとって「不愉快《ふゆかい》なこと」や「迷惑《めいわく》なこと」をしてはいけません。先ほどの話で言えば、一般論《いっぱんろん》としては、「JRの切符を改札機に入れないのはけしからん！」という立場はそのとおりだろうと思いますが、顧客《こきゃく》第一主義でなかったことは間違いないでしょう。

そのときに、「どうして、お客様はこちらを通られるのでしょうか」などと丁寧《ていねい》に訊《き》いてくれればよかったと思うのですが、秘書がお辞儀《じぎ》をしているだけで何も言わなかったために、そのような経験をすることになりました。総裁がいるところで口がきけなかったのかもしれませんが、ただただ恐縮《きょうしゅく》して、突《つ》っ立っているようなことがよくあるのです。

いずれにしても、何かつくる物、商品、食べ物、あるいはサービス等においては、「お客様の感情を害さず、できるだけ快適に過ごしてもらうためにはどうしたらよいか」ということを、いつも考える必要があります。

それを考えずに、サービスを提供する自分たちの側の事情で、「こういうふうにしかできないんだ」というような押しつけをすることは、独占《どくせん》産業、あるいは国有のもの、それ以外には使えないような〝専用ルート〟などでは通用したとしても、競争があるところでは通用しないこともあるわけです。

そういう意味では、民営化や市場競争があるのはよいことではないでしょうか。それによって経営が潰《つぶ》れることもあるので、経営者にとっては、本当は大変なことではあるのですが、同業で競争してくれるものがあることで「サービス合戦」が行われ、それによってよくなる場合もあります。「悪いサービス」をしているところは潰れていきますし、「悪いもの」を出すところには客が来なくなって、「よいところ」に移っていくようなことがあるでしょう。

コーヒーの「味のよさ」に特化して成功したスターバックス

一倉経営の〝当たり〟の一つとしては、本人が指導したわけではありませんけれども、例えば、今で言えばスターバックスコーヒーなどもそうでしょう。

私がアメリカにいた一九八〇年代、スタバはアメリカに最初の一店舗《てんぽ》しかなかったようなころで、その存在など知りもしませんでしたし、日本では、むしろ、ドトールコーヒーのように、百五十円ぐらいで安く飲め、駅前スタンドなどで、時間をセーブしながらパッと立ち飲みができる感じのもののほうが流行《はや》っていました。

しかし、そのあと、おいしいグルメコーヒーが出てきたのです。

当時、三百数十円もするような高いコーヒーであれば、普通《ふつう》は、喫茶店《きっさてん》に入って、ちゃんとしたマイセンの器《うつわ》か何かに入れて出されるもので、一時間ぐらい無駄《むだ》話をしていても構わないような条件のものだったと思います。

しかし、最初にスタバのコーヒーを見たときには、「あんな簡易なプラスチックのようなカップに入っていて、三百何十円も取るというのは高いなあ」と思いました。ただ、あれは、「とにかく味をおいしくする」ということに特化したものだったのです。味をよくすることに特化し、容器などはそれほど気にしなかったのでしょう。

また、スタバでは、コーヒーのつくり方についてのマニュアルはあっても、「サービスについてのマニュアルはない」と言われています。企業《きぎょう》文化自体はあるでしょうけれども、接客について特別なマニュアルはないと聞いていますので、やはり、その「中身」、「味」で勝負しているのだろうと思います。

〝一ドルコーヒー〟をめぐる日本とアメリカの文化の違《ちが》い

昔、為替《かわせ》レートが一ドル三百六十円だった当時、日本では〝一ドルコーヒー〟が飲まれていることを、アメリカ人はみな笑っていたといいますか、「信じられない。いかれているのではないか。三百六十円もする高いコーヒーを飲むか」という感じだったのです。日本の喫茶店で〝一ドルコーヒー〟が出ていることに対し、「信じられない。ぼったくられている」という感じを持っていました。

ただ、その理由はよく分かります。日本の会社などでは、ボタンを押《お》せば緑茶が出てくる給茶機のようなものがありますが、アメリカでは、お茶の代わりにコーヒーが一日何杯《なんばい》でも飲めるようになっているのです。当時のアメリカ人は、一日平均九杯ぐらいはコーヒーを飲んでいました。私がニューヨークにいたときも、紙コップにコーヒーを入れて飲んでいましたが、それがお茶の代わりだったわけです。

日本人にはコーヒーを一日に九杯も飲むような習慣はありませんけれども、もし九杯も飲むのなら、一ドル、三百六十円もするコーヒーでは大変なことになります。コーヒー代だけで一日に三千円も四千円もかかり、毎日こんなことをしていたら、一カ月で十万円ぐらいかかってしまうでしょう。

そのようなわけで、アメリカではそんなに高いコーヒーは売れませんでした。私がニューヨークにいたころには、いわゆる喫茶店のようなものはほとんどなく、コーヒーを飲むには、たいてい、マクドナルドのような所しかなかったのです。コーヒーだけで店に長くいられて、本が読めるような所を探してもほとんどなく、ずいぶん困ったものでした。食事付きか、何かほかのものを併《あわ》せて売っている所ぐらいしかなく、日本のような喫茶店はなかったのです。

日本の喫茶店の場合、あれは〝場所代〟であって、その場所代を払《はら》って本を読んだり、音楽を聴《き》いたり、友達と話したりするための「空間の代金」だったと思います。家が狭《せま》くて人を呼べず、外で会うためにつくった「日本の文化」の部分があったのです。

そのあたりが分からなかった面はあるかと思いますが、日本と同じように、スタバは「グルメコーヒー」というかたちで成功しました。

コーヒー一つでも、「味」と「サービス」で実力差が表れる

ANA《アナ》でも、スタバのコーヒーを機内サービスに入れたことがありました。最初は無料だったのですが、有料にしたところ、とたんにブーイングが起き始め、それで少し迷ったりもしたようです。

ただ、機内サービスや、新幹線などのサービスのコーヒーは、あまり味がよくないことが多いわけです。それは、一日中売り続けていて売れ残っているものだったりするからでしょう。

また、客が売店で買って持ち込《こ》んだコーヒーを飲み終わったあとに、売りにきたりするケースがほとんどです。欲しいときに出てくればよいのですが、たいていは飲み終わったあとに来るのです。新幹線のサービスなどは、場合によっては、駅に降りたあとに来ていることも多いのではないでしょうか。

昔から新幹線のコーヒーは飲んでおいしくないとは思っていたのですけれども、売っている人は、それを飲んでいないから分からないのかもしれません。

そういうわけで、外で買ったものを飲んだほうがおいしいため、持ち込むことが多くなっているのだと思います。

ただ、ああいう車内販売《はんばい》でも、一日に五十万円以上売り上げる人から、ほとんど売れない人まで差はあるようなので、そのあたりの「時間感覚」と「サービス感覚」については、かなり実力の差があるようです。

商社時代に経験した、寮《りょう》での「機械的な対応」

いずれにせよ、一倉さんは、「赤字会社、倒産《とうさん》会社の立て直しのためには、まず、社長の意識改革が大事だ。トップの意識改革をやらなくてはいけないのだ」と言っていました。

要するに、「売れない原因、お客が逃《に》げている原因をつかまなくてはいけない。そのためには、お客様の意見を聞くことが大事である。また、自分のところの商品なり、サービスなりについて、とにかく『お客様のために』ということを第一に考えているかどうか。『自分たちの都合《つごう》で、こうなっている』という考えではなく、『お客様のために』ということを考えてやってください」というわけです。

ただ、商業性のないところでは、機械的な対応は多いのかもしれません。話は変わりますが、私が商社に勤めていたころ、千葉には、独身時代に最初に入った寮《りょう》がありました。そこは今、当会の施設《しせつ》である雌伏館《しふくかん》になっていますが、当時、会社のあった赤坂から離《はな》れており、通勤に一時間十五分から二十分くらいかかるところだったのです。

また、商社は夜が遅《おそ》い場合も多く、仕事が早く終わっても、たいてい、そのまま帰してはもらえません。やはり、「酒を飲んでいこう」などと言われることが多いわけです。

ところが、その寮の管理人は夫婦《ふうふ》だけでやっており、朝食を七時から出すには、その前に起きなくてはなりません。そのためには夜が遅いと困るからでしょうが、夜十一時になると、寮のお風呂《ふろ》のお湯が止まるのです。要するに、管理人夫婦が寝《ね》てしまうので、十一時を過ぎると水しか出ません。みなが酒を飲んで帰った場合は、たいていお風呂が終わっていて、水浴びになるわけです。湯溜《ゆだ》まりには入れても、新しいお湯が足されないので、だんだん濁《にご》ってきており、シャワーで水を浴びなくてはいけないような状態でした。

ところが、何度言っても、それが改善されないわけです。つまり、管理人としては営利事業ではないため、サービスをしても儲《もう》かるわけではないからでしょう。

また、朝食は七時からで、トーストや和食などが出るのですが、七時に朝ご飯を食べると、食べ終わるのは遅ければ七時半ぐらいになります。早くても七時十分や十五分でしょう。それから寮を出て、タクシーに相乗りして柏《かしわ》駅に行き、そこから赤坂まで、常磐線《じょうばん》、千代田線を乗り継《つ》いでいくと、会社に着くのは、どんなに頑張《がんば》っても八時半です。要するに、新入社員が、朝食を食べてから来ると、どうしても八時半になるわけです（笑）。

ところが、課長、部長以上は、八時前に会社に着いて、仁王《におう》さんのようにズラッと並んでいるのです。また、先輩《せんぱい》たちも全員います。そこへ、いちばんの新入社員が、最後にやってくるわけです。

ただ、会社の始業時間は九時十五分であり、八時半とはいえ、四十五分もサービスして来ているのですが、それでも〝ビリ〟なのです。先輩たちは、「ふん、勝った。新入社員のくせにビリだ」などと言っていましたし、八時から座っている上司は、「うーん」という感じでした。

実は、社長が八時ごろから、場合によっては七時半ぐらいから早朝会議を開いたりするので、みな早く来て控《ひか》えていたわけです。

確かに、商社のなかにはそういう勝負もあって、例えば、「次の日に朝会議があるのを知っていながら、前の晩にわざと酒に誘《さそ》う」というような悪い習慣もありました。要するに、〝体力勝負〟を挑《いど》んできて、前の晩に帰さないのです。「一軒《いっけん》で終わるなんて、付き合いが足りない」ということで、赤坂で二軒、三軒と梯子《はしご》をして、夜中にタクシーで帰ることになり、翌朝フラフラの状態で起きて、朝会議に出るわけです。

ちなみに、私のいた部署ではありませんが、ある課長は、茨城《いばらき》県の取手のほうの社宅に住んでいました。ただし、そこは始発に近いところで、距離《きょり》が遠いわけです。したがって、朝の五時台に出てこないかぎり、七時台の会議には絶対に間に合いません。

ところが、会議の前の晩に、その課長を飲みに連れ回し、課長潰《つぶ》しに入ったのです。結局、翌朝、出てこられなかったところ、「ふーん、潰れたか。ざまあみろ。あれは体力負けだ。起きられなかったか」と部下に笑われていました。

確かに、意地の悪い世界ではありますが、わざと体力競争を仕掛《しか》けてくるのです。そのように、「睡眠《すいみん》時間が短くても、起きてこられるかどうか」というようなことを競争しているところがありました。

酒を断りすぎても、今度は、「付き合いが悪い」といって、いじめられるのですが、それに付き合っていると、「朝が遅い」ということで、いじめられるわけで、けっこう厳しいのです。

売上も利益も、すべて会社の外側にある

やや脱線《だっせん》しましたけれども、世の中には、こういう〝見苦しい世界〟もたくさんあります。

社長の間違《まちが》いやすいこととして、気をつけなくてはいけないのは、「社内管理」ばかりすることです。社内の人とだけ会って会議をしたり、社内の経費管理をしたり、報告を読んだり、そういうことばかりしていれば、仕事になっていると思っている社長が多いのです。「これが倒産《とうさん》のもとになっているから気をつけろ」ということを、一倉定さんは言っています。

「そういうことは、むしろ、週一回ぐらいでよく、合計しても、一日の勤務

時間を超《こ》えないぐらいでよいのだ。実際に、いろいろなところに売り込《こ》みをかけたり、回ったりしなくてはいけない。社長が、ずっとなかにいると、周りもずっといることになって、結局、仕事をしなくなる。だから、週一回程度の会議で回るぐらいでなければ駄目《だめ》だ。毎日毎日、情報を取らなくてはいけないようでは駄目なのだ」というわけです。

さらに、「書類業務の無駄」についても指摘《してき》しています。

「必要な書類業務とは、外部環境《かんきょう》の変化に関するものだ。会社の外側にあるものが変化したときに、その情報を報告することは大切である。それをつかむことは大事だから、外部環境の変化についての書類報告はあってもいいが、内部のことばかりをいじっているものは、ほとんど何の付加価値も生んでいない。

しかし、たいていの場合、内部管理をすることが仕事だと思っている人が多い。マネジメントを『経営管理』と訳す場合もあるが、要するに、管理業務だと思っている人が多く、なかの管理ばかりしている。人を管理したり、書類を管理したり、そういうことばかりをしている人が多いけれども、これらは何も生んでいない。

やはり、会社として売上が立ち、利益が出るところは、すべて外部なのだ。売上も利益も、会社の外側にあるのだ。外の人の気持ちをつかみ、外の人に広がらなければ、あるいは、売れたり利用されたりしなければ、まったく意味がないのだ。だから、書類業務には気をつけたほうがいい」というようなことを言っているわけです。

コンピュータに頼《たよ》ることの危険性とは

また、コンピュータが非常に流行《はや》ってきた時期には、「コンピュータも気をつけないと、無駄な仕事が、ものすごく増える傾向《けいこう》がある。これが本当に付加価値を生んでいるかどうかは、よく考えなければいけない」というようなことを言っていました。

「コンピュータの強いところは、反復できるような計算とか、正確で間違えないような確認作業のようなものだ。そういうやり方が決まっていることを、速い速度で行うことには、非常に優《すぐ》れていて、人間よりも便利なところがある。しかし、コンピュータは、創造的な行為《こうい》を何もできない。新しい仕事を企画《きかく》するなど、何かを自分からつくり出していくというようなことはできないのだ。これを間違っている人が多いので気をつけたほうがいい。

やはり、使う部分は最小限にして、あとは人間でなければできないこと、考えてやらなければいけないことをやりなさい」というようなことを言っていたわけです。

こうしたことは、昭和四十年代に、銀行業務に大型コンピュータが入ったころから、けっこう言われていることではあって、「コンピュータを入れれば経費が安くなり、楽になる」という話だったにもかかわらず、逆に行員数が増えたりするわけです（笑）。要するに、今までの行員以外にコンピュータ業務要員が必要になり、それで仕事が増えてしまったのです。

また、松下幸之助《まつしたこうのすけ》さんも、「毎日のように、いろいろなデータが報告として上がってくるし、最初のうちは、しばらく見ていたけれども、これは要《い》らん。毎日、見る必要など全然ない。月一回、報告があれば十分に判断できることで、要らない業務だ」というようなことを言っていたことがありました。

このあたりについては、「情報として要るものか、要らないものか」「無駄な作業をしていないかどうか」ということの確認をしたほうがよいと思います。

口の悪い人たちのなかには、「今、コンピュータ業界が金儲《かねもう》けをして発展しているけれども、〝一億総白痴《はくち》化〟に向けて邁進《まいしん》している」という言い方をしている人もいるので、やはり、「本当に要るのか要らないのか」は考えたほうがよいでしょう。

セブン-イレブンにおけるデータ処理型の判断での成功と課題

もちろんコンピュータを上手に使う人もいます。セブン-イレブンの会長で、社長もしていた鈴木敏文《すずきとしふみ》さんは、「すべてデータで見る」というような感じで、データ処理をして、毎日の日計を見ながら、「何が売れているか。売れ行きがよいか」ということを判断するわけです。

定期的に月曜日に店長を集めて店長会議（ＦＣ会議）を開いてはいるようですが、実際に店を回らないし、同業他社も一切見ないといいます。本当かどうかは分からないですし、それは表向きのことで、本当は見ているかもしれません。もしかしたら、ほかの店を見て回った場合、セブン-イレブンの社員が、その店の品揃《しなぞろ》えを見て、まねをし始めるから、それを避けたい可能性もあります。ともかく、「見ない」という言い方をしています。

それが正しいかどうかは分からないものの、セブン‐イレブンは今のところ成功はしています。そのように、データだけで判断し、「これを増やせ」「これを減らせ」と言う人もいるわけです。

例えば、「おでんは冬にしか売れないと思ったけれども、そんなことはないのだ。梅雨時《つゆどき》の寒い日など、急に気温が下がるとおでんが売れ始める。また、十一月でも、暖かい日であればアイスクリームが急に売れることもある。だから、天気予報を見て仕入れ状況《じょうきょう》を変えるのだ」というように、データ処理型で、ある程度、成功なされました。そういう人もいるので、全部が全部、そうだとは言えません。

店舗《てんぽ》が一万店もあるような、大きなところでは、ある程度、データ処理型で見ていかないと、無理な面もあるかもしれません。しかし、人が替《か》わったら、あっという間に倒産の原因になることもありうると思います。

いずれにしても、この「人情の変化」や「人々の趣向《しゅこう》の変化」、あるいは「世の中の流れの変化」は非常に大事です。

10　社長は「外部環境《かんきょう》の変化」に敏感《びんかん》であれ

環境《かんきょう》の変化に対して先手を打ち、「未来型思考」で判断せよ

一倉定さんは、社長にとっていちばん大事な業務の一つとして、「外部環境《かんきょう》の変化への対応」を挙げ、「社長は外部環境の変化に敏感《びんかん》でなくては駄目《だめ》なのだ」ということを言っています。

従業員であれば、「毎日が日曜日」とは言いませんが、毎日毎日、同じようなことをやっていても、給料が出るため、それで済むところがあるのですが、

社長にとっては「危機管理」が極《きわ》めて大事であり、社長は、外部環境が変化してきたときに、「どういう手を打たなくてはいけないか」ということを考えなくてはいけないわけです。

そういう意味では、「外の環境が変わっているかどうか」ということについて、ずっと見ていなくてはいけません。新聞などで情報を取ったり、いろいろなものを見て回ったりして、環境の変化をつかまなくてはいけないのです。

「新しい法律ができたり、政治家が替《か》わったり、政党が替わったりしたときには、自分の商売に、いったい、どのような影響《えいきょう》が出てくるのか」ということは、やはり、社長が考えなければいけないことなのです。

社員は、なかなか、そこまで考えられませんが、社長は、「政権が替わったら、どうなるか」「大臣が替わったら、どうなるか」「新しい法律ができたら、いったい何が起きるか」ということを予想して、手を打たなくてはいけません。

また、「国際関係が変わったら、どうなるか」「日本と中国との関係が悪くなり、中国から入っていたものが入らなくなったら、どうなるか」というようなことについても、先手を打って考える必要があります。

社長は、そうした環境対応をし、「未来型思考」で判断しなくてはいけません。それが社長の仕事なのです。

「社長はワンマンでなくてはいけない」という言葉の意味

そういう意味で、「社長はワンマンでなくてはいけない」と一倉定さんは言います。

通常、「ワンマン社長」は、マスコミからは〝独裁者〟のように言われ、嫌《きら》われますが、彼が言っているワンマンとは、そういうワンマンではありません。彼は、「社長には全責任がかかっているのだ」ということを言っているわけです。

「社長は、『すべての責任は自分にある。電信柱が高いのも、郵便ポストが赤いのも社長の責任である』と思わなくてはいけないのだ。

会社に関係することで、何か失敗なり落ち度なりがあったら、全部、社長の責任なのだ。やはり、そのくらいに思っておかなくては駄目なのだ。

そういう意味で、外部環境の変化も、じっと見なくてはいけないのだ」

そのようなことを彼は言っています。

社長が本業に専念しないのは「危険」

今日（二〇一四年九月三日）、新聞でニュースを見ていたら、ローソンの社長や会長を務めていた、新浪剛史《にいなみたけし》さんに関する記事が載《の》っていました。

この方は三菱《みつびし》商事出身で、ローソンの経営を任された方ですが、サントリーの創業家に頼《たの》まれてサントリーの社長に引き抜《ぬ》かれ（二〇一四年十月一日就任予定）、有名になっています。

この方が、今度は、安倍《あべ》総理に呼ばれて、経済財政諮問《しもん》会議の民間議員になることが新聞に出ていましたが、それを見て、私は、「おっと、大丈夫《だいじょうぶ》かな」とすぐに思ったのです。

ローソンとサントリーでは、かなり違《ちが》います。

この方は、ローソンという、小さなチェーン店を数多く持つ小売業の会社を経営していたわけですが、サントリーに行ったら、サントリーのカルチャーを知り、お酒のことや、製造から販売《はんばい》ルートまで勉強しなくてはなりません。それには少し時間がかかるはずです。

それに専念しなくてはいけないのに、「首相に呼ばれたら、すぐ、喜んで出ていき、会議の議員になるようだと、少し危ないのではないでしょうか。大丈夫でしょうか」と私は思うのです。

株で言えば、「売り」が出るような動きをしていると感じます。

サントリーとしては、「店を増やすことや国際戦略に使える」と思って、この方を呼んだのでしょうが、政府の委員をパッと引き受けているところを見ると、「『名前を売りたい』という気持ちがかなり強いのだな」ということがよく分かり、やはり、「少し怖《こわ》いな」という気がします。

トップには、業務が増えていく傾向《けいこう》がありますし、いろいろな肩書《かたがき》を持ちたがり、何かの委員など、さまざまなところの役職を兼任《けんにん》する人が多いのです。

そういう役職の能力のある人がいることも事実ですし、重要な立場になってきたり、名前が上がってきたりすれば、そういうものを頼まれることが多いことも事実ですが、やはり、できるだけ本業に専念する努力をしていかなくてはなりません。

本業以外に力を入れすぎると、本業のほうにダメージが出ることがあると思います。

後継者《こうけいしゃ》ができて引退や〝セミ引退〟をしたあとであれば、いろいろなものをやってもよいでしょうし、その会社のＰＲにもなるとは思うのですが、やはり、本業を重視しないと、少し危険なところはあると思います。

11 「ソフト部門の研究開発」も重要な要素の一つ

トップが「研究開発の陣頭指揮《じんとう》」をすることの意義

主として、工場などで商品をつくって売る場合の話をしてきましたが、業種によっては、また少し違《ちが》う考え方もあります。

例えば、日清《にっしん》食品はインスタントラーメンなどをつくってきましたが、ああいうところでは、社長が自宅の庭に実験室のような小屋をつくり、自ら、毎日毎日、一日中、一生懸命《いっしょうけんめい》、「どんな出汁《だし》を取ったら、よいスープができるか」

というような研究ばかりしていたこともあります。

「どういう出汁を、いちばんおいしいと感じるか」ということなど、「味のよさ」の研究をしているようなところでは、トップ自らが「研究開発の陣頭《じんとう》指揮」をしなくてはならず、「下の人が適当に考えてくれ」と言うだけでは済まないこともあります。

このように、売ることだけではなく、研究開発もトップがやらなくてはいけない場合があるのです。

当会にも両方あります。「支部巡錫《じゅんしゃく》」や「海外巡錫」のように、直接、トップが各地を回ったほうが、伝道になって教えが広がる面もありますし、ソフトの内容のほうでも、トップが、ほかとの差別化をした、よい内容をつくっていくことによって、差が出てくることもあります。

「研究開発型」の会社では、特に、精密な味や性能等を求めるような研究において、トップがそれをやらなくてはいけない場合もありますが、トップには「営業・広報的な動き」をしなくてはいけない面もあったりして、このへんの兼《か》ね合いは、とても難しいと思います。

日夜、研究する努力を怠《おこた》ってはならない

幸福の科学学園では、那須《なす》に中学校・高等学校をつくるとき、立地条件がそうよくはないので、生活条件がよくなるよう、インフラの整備に努力しました。

また、「入ったならば、学力が確実に上がる」という客観的な実績をつくらなくてはいけないため、英語の教材などソフトのほうに特化して、かなり力を

入れたところ、ある程度、評判を得るようになりました。

幸福の科学大学も、立地条件だけを見れば、必ずしもよいわけではないと思うので、やはり、「ソフトのよさ」が大事だと思います。ほかの大学にはないようなものを、次々と繰《く》り出していかなくてはなりません。そういう「内容のよさ」について、もっともっと真剣《しんけん》に考えなければいけないでしょう。

もちろん、トップの責任からは逃《のが》れられないのですが、トップ以外の幹部や、その他《た》の、研究をしている人たちも、「どうすれば、ほかのところより、もっともっとよいものができるか」ということを、日夜、研究する努力を怠《おこた》ってはいけないと思います。

「大学をつくれば自動的に人が来る」と思っているのでは甘《あま》いのです。「日本の私立大学の約四割は定員割れをしている」という状況《じょうきょう》です。

また、一部の新聞に書かれたところによれば、文部科学大臣は、国立大学の文科系のうち、人文《じんぶん》学部や教育学部をなくしていく方向で考えているそうです。一社しか報じていませんが、そういう記事が出ていたこともあります。

その理由は分かりません。「役に立たない」ということなのか、あるいは、教育学部が〝左翼《さよく》養成所〟になっているため、潰《つぶ》してしまいたいのか、このへんについてはよく分かりませんが、そういう意見も出てはいるようです。

したがって、これから必要とされる未来に向けて、今、「着実な手」を打っていかなければなりません。

そういう意味で使命感を果たし、責任を負えなければ、トップとしての使命を果たしているとは言えないと思います。

12 「危機突破《とっぱ》の経営学」という視点

このようなことを参考にして、「危機突破《とっぱ》」の勉強をしていただきたいと思います。

一倉定さんの著書として、『一倉定の社長学』シリーズがあるのですが、社長族用につくってあるものなので、学生がこれを読むのは、なかなか大変ではないかと思います。プリントなどを使った講義になるかもしれません。

ただ、一度、零細企業《れいさいきぎょう》から中小企業をつくっていったり、潰《つぶ》れそうな会社を立て直したりすることの研究として、「危機突破の経営」の勉強をなさったほうがよいと思います。

また、大企業であっても、安穏《あんのん》としていたら、時代が変われば危機になることがあります。大企業にも同じ原理が働くので、「高度成長期に通用した考え方だけでは駄目《だめ》だ」ということを知っていただければ幸いです。

要するに、「勉強も大事だし、実践《じっせん》も大事だ」ということです。

私も、(一倉定の著書への書き込《こ》みを示して)このくらい読み込んでいます。単に「一回勉強すれば終わり」ということではなく、繰《く》り返し、繰り返し、その時期、その時期に読んで、折々にひもといてみると、違《ちが》うアイデアが得られたり、「ああ、こういうことが言いたかったのか」と思ったりすることがあります。

大学で基礎《きそ》学習はするべきですが、「折に触《ふ》れ、そのときの自分の立場相応に勉強すれば、違った情報が入り、違った理解ができるようになる」ということを忘れてはいけないと思います。

これで、「危機突破の社長学」として、「一倉定の『厳しさの経営学』入門」の話をしたことになります。

大学設置に関する審議会《しんぎかい》は、「『経営成功学』などと甘《あま》ったるいことを言っているから、これも詐欺《さぎ》に当たるのではないか。経営なんか、成功するものではない」というようなことを言っているので、「いや、危機対応の経営学というものも十分に考えております」ということで、こういうものを今日は説明してみました。参考になれば幸いです。

あとがき

一倉定さんのこの厳しさは、姿をかえた慈悲《じひ》だと思う。

かつて行基大菩薩《ぎょうきだいぼさつ》が、大仏建立《こんりゅう》に情熱を燃やしたり、二宮尊徳が私心を滅して、藩の財政のたて直しに奔走《ほんそう》し、耐え忍んだように、現代の苦海にあえぐ会社の群れを救うべく、社長族を叱り続けられた。

幸福の科学もおかげ様で、無借金経営で、世界規模の教団に成長してきた。トップ一人の慢心《まんしん》をいましめ、叱咤激励《しったげきれい》することには、それだけの力があるのだ。

この度、幸福の科学大学を設立構想するにあたり、「経営成功学部」を考えたが、大学審議会からは「『成功』を付けると詐欺《さぎ》になる怖れが……」と言ってきた。日本の大学は、政府から補助金をもらっている以上、事実上、全部赤字経営なのだろう。しかし「成功」を目指さない「経営学部」こそ詐欺で、国家の財政赤字の元凶だと思う。何せ、日本の七割の企業が赤字なのだ。一喝《いっかつ》を入れる意味でも、「経営成功学」を国中にはやらせるべきだと考える。

二〇一四年　九月四日

幸福《こうふく》の科学《かがく》グループ創始者兼総裁《そうししゃけんそうさい》
幸福《こうふく》の科学大学創立者《かがくだいがくそうりつしゃ》　大川隆法《おおかわりゅうほう》

『危機突破の社長学』大川隆法著作関連書籍

『経営入門』（幸福の科学出版刊）
『智慧の経営』（同右）
『不況に打ち克つ仕事法』（同右）
『「経営成功学の原点」としての松下幸之助の発想』（同右）
『稲盛和夫守護霊が語る 仏法と経営の厳しさについて』（同右）
『財務的思考とは何か』（同右）
『忍耐の時代の経営戦略』（同右）
『「経営成功学」とは何か』（同右）

危機突破《ききとっぱ》の社長学《しゃちょうがく》
――一倉定の「厳しさの経営学」入門――

2014年9月5日　初版第1刷

著　者　　大《おお》川《かわ》隆《りゅう》法《ほう》

発行所　　幸福の科学出版株式会社
〒107-0052 東京都港区赤坂2丁目10番14号
TEL(03)5573-7700
http://www.irhpress.co.jp/

印刷・製本　株式会社 東京研文社

落丁・乱丁本はおとりかえいたします
©Ryuho Okawa 2014. Printed in Japan. 検印省略
ISBN978-4-86395-549-3 C0030
イラスト：水谷嘉孝

大川隆法シリーズ・最新刊

「幸福の科学教学」を学問的に分析する

今、時代が要請する「新しい世界宗教」のかたちとは? 1600 冊を超えてさらに増え続ける「現在進行形」の教えの全体像を、開祖自らが説き明かす。

1,500 円

国際伝道を志す者たちへの外国語学習のヒント

国際伝道に求められる英語力、教養レベルとは? 230 冊の英語テキストを発刊し、全世界 100 カ国以上に信者を持つ著者が語る「国際伝道師の条件」。

1,500 円

日本神道的幸福論

日本の精神性の源流を探る

日本神道は単なる民族宗教ではない! 日本人の底流に流れる「精神性の原点」を探究し、世界に誇るべき「大和の心」とは何かを説き明かす。

1,500 円

※表示価格は本体価格(税別)です。

大川隆法シリーズ・最新刊

人間学の根本問題

「悟り」を比較分析する

肉体と魂の探究、さらには悟りまでを視野に入れて、初めて人間学は完成する！ 世界宗教の開祖、キリストと仏陀から「人間の最高の生き方」を学ぶ。

1,500円

財務的思考とは何か

経営参謀としての財務の実践論

資金繰り、投資と運用、外的要因からの危機回避……。企業の命運は「財務」が握っている！ ドラッカーさえ知らなかった「経営の秘儀」が示される。

3,000円

「経営成功学の原点」としての松下幸之助の発想

「商売」とは真剣勝負の連続である！ 「ダム経営」「事業部制」「無借金経営」等、経営の神様・松下幸之助の経営哲学の要諦を説き明かす。

1,500円

幸福の科学出版

大川隆法 ベストセラーズ・発展する企業を創る

経営入門

人材論から事業繁栄まで

豪華装丁
函入り

経営規模に応じた経営の組み立て方など、強い組織をつくるための「経営の急所」を伝授。

9,800円

社長学入門

常勝経営を目指して

豪華装丁
函入り

デフレ時代を乗り切り、組織を成長させ続けるための経営哲学、実践手法が網羅された書。

9,800円

未来創造のマネジメント

事業の限界を突破する法

豪華装丁
函入り

変転する経済のなかで、成長し続ける企業とは、経営者とは。戦後最大級の組織をつくり上げた著者による、現在進行形の経営論がここに。

9,800円

※表示価格は本体価格（税別）です。

大川隆法ベストセラーズ・発展する企業を創る

智慧の経営

不況を乗り越える常勝企業のつくり方

豪華装丁
函入り

不況でも伸びる組織には、この8つの智慧がある──。26年で巨大グループを築き上げた著者の、智慧の経営エッセンスをあなたに。

10,000円

逆転の経営術

守護霊インタビュー ジャック・ウェルチ、カルロス・ゴーン、ビル・ゲイツ

豪華装丁
函入り

会社再建の秘訣から、逆境の乗りこえ方、そして無限の富を創りだす方法まで──。世界のトップ経営者3人の守護霊が経営術の真髄を語る。

10,000円

忍耐の時代の経営戦略

企業の命運を握る３つの成長戦略

豪華装丁
函入り

2014年以降のマクロ経済の動向を的確に予測！ これから厳しい時代に突入する日本において、企業と個人がとるべき「サバイバル戦略」を示す。

10,000円

大川隆法ベストセラーズ・幸福の科学大学シリーズ

「経営成功学」とは何か

百戦百勝の新しい経営学

経営者を育てない日本の経営学⁉ アメリカをダメにしたMBA――⁉ 幸福の科学大学の「経営成功学」に託された経営哲学のニュー・フロンティアとは。

1,500円

経営の創造

新規事業を立ち上げるための要諦

才能の見極め方、新しい「事業の種」の探し方、圧倒的な差別化を図る方法など、深い人間学と実績に裏打ちされた「経営成功学」の具体論が語られる。

2,000円

経営が成功するコツ

実践的経営学のすすめ

付加価値の創出、マーケティング、イノベーション、人材育成……。ゼロから事業を起こし、大企業に育てるまでに必要な「経営の要諦」が示される。

1,800円

「実践経営学」入門

「創業」の心得と「守成」の帝王学

「経営の壁」を乗り越える社長は、何が違うのか。経営者が実際に直面する危機への対処法や、成功への心構えを、Q＆Aで分かりやすく伝授する。

1,800円

※表示価格は本体価格(税別)です。

大川隆法ベストセラーズ・幸福の科学大学シリーズ

「人間学概論」講義

人間の「定義と本質」の探究

人間は、ロボットや動物と何が違うのか？ 人間は何のために社会や国家をつくるのか？ 宗教的アプローチから「人間とは何か」を定義した一書！

1,500円

宗教社会学概論

人生と死後の幸福学

なぜ民族紛争や宗教対立が生まれるのか？ 世界宗教や民族宗教の成り立ちから、教えの違い、そして、その奥にある「共通点」までを明らかにする。

1,500円

幸福の科学大学創立者の精神を学ぶI（概論）

宗教的精神に基づく学問とは何か

いま、教育界に必要な「戦後レジームからの脱却」とは何か。新文明の創造を目指す幸福の科学大学の「建学の精神」を、創立者みずからが語る。

1,500円

幸福の科学大学創立者の精神を学ぶII（概論）

普遍的真理への終わりなき探究

「知識量の増大」と「専門分化」が急速に進む現代の大学教育に必要なものとは何か。幸福の科学大学創立者が「新しき幸福学」の重要性を語る。

1,500円

幸福の科学出版

大川隆法霊言シリーズ・経営者シリーズ

稲盛和夫守護霊が語る
仏法と経営の厳しさについて

実戦で鍛えられた経営哲学と、信仰で培われた仏教精神。日本再建のカギとは何か──。いま、大物実業家が、日本企業の未来にアドバイス！

1,400円

ダイエー創業者
中内功・衝撃の警告
日本と世界の景気はこう読め

中国にも、20年不況がやってくる!? 安売りでこれからの時代を乗りきれるのか!? 経営のカリスマが天上界から緊急提言。

1,400円

柳井正社長の守護霊インタビュー
ユニクロ成功の霊的秘密と世界戦略

反日暴動でもユニクロが中国から撤退しない理由とは──。「逆張り」の異端児・柳井社長守護霊が語った、ユニクロ戦略の核心と、その本音に迫る！

1,500円

三木谷浩史社長の
守護霊インタビュー
「楽天」とIT産業の未来

キャッシュレス、ネット選挙、個人情報の寡占化……。誰も知りえなかった楽天・三木谷社長の本心を、守護霊インタビューで明らかにする。

1,400円

※表示価格は本体価格（税別）です。

大川隆法ベストセラーズ・忍耐の時代を切り拓く

忍耐の法
「常識」を逆転させるために

人生のあらゆる苦難を乗り越え、夢や志を実現させる方法が、この一冊に——。混迷の現代を生きるすべての人に贈る待望の「法シリーズ」第20作!

2,000円

「正しき心の探究」の大切さ

靖国参拝批判、中・韓・米の歴史認識……。「真実の歴史観」と「神の正義」とは何かを示し、日本に立ちはだかる問題を解決する、2014年新春提言。

1,500円

自由の革命
日本の国家戦略と世界情勢のゆくえ

「集団的自衛権」は是か非か!? 混迷する国際社会と予断を許さないアジア情勢。今、日本がとるべき国家戦略を緊急提言!

1,500円

幸福の科学出版

大川隆法ベストセラーズ・幸福論シリーズ

ソクラテスの幸福論

諸学問の基礎と言われる哲学には、必ず〝宗教的背景〟が隠されている。知を愛し、自らの信念を貫くために毒杯をあおいだ哲学の祖・ソクラテスが語る「幸福論」。

1,500円

キリストの幸福論

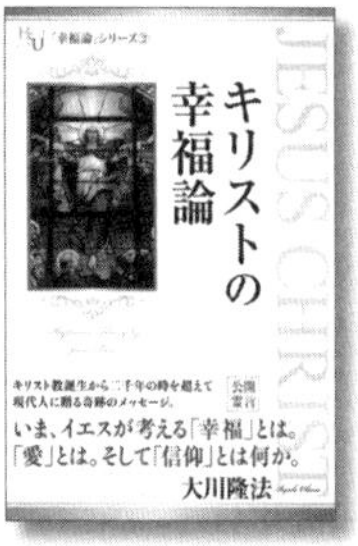

失敗、挫折、苦難、困難、病気……。この世的な不幸に打ち克つ本当の幸福とは何か。2000年の時を超えてイエスが現代人に贈る奇跡のメッセージ!

1,500円

ヒルティの語る幸福論

人生の時間とは、神からの最大の賜りもの。「勤勉に生きること」「習慣の大切さ」を説き、実業家としても活躍した思想家ヒルティが語る「幸福論の真髄」。

1,500円

アランの語る幸福論

人間には幸福になる「義務」がある——。人間の幸福を、精神性だけではなく科学的観点からも説き明かしたアランが、現代人に幸せの秘訣を語る。

1,500円

※表示価格は本体価格(税別)です。

大川隆法 ベストセラーズ・幸福論シリーズ

北条政子の幸福論
―嫉妬・愛・女性の帝王学―

現代女性にとっての幸せのカタチとは何か。夫である頼朝を将軍に出世させ、自らも政治を取り仕切った北条政子が、成功を目指す女性の「幸福への道」を語る。

1,500円

孔子の幸福論

聖人君子の道を説いた孔子は、現代をどう見るのか。各年代別の幸福論から理想の政治、そして現代の国際潮流の行方まで、儒教思想の真髄が明かされる。

1,500円

ムハンマドの幸福論

西洋文明の価値観とは異なる「イスラム世界」の幸福とは何か？ イスラム教の開祖・ムハンマドが、その「信仰」から「国家観」「幸福論」までを語る。

1,500円

パウロの
信仰論・伝道論・幸福論

キリスト教徒を迫害していたパウロは、なぜ大伝道の立役者となりえたのか。「ダマスコの回心」の真実、贖罪説の真意、信仰のあるべき姿を、パウロ自身が語る。

1,500円

仏教的幸福論
―施論・戒論・生天論―

仏教は「幸福論」を説いていた！ 釈尊が説いた「次第説法」を分かりやすく解説。人生の苦しみを超えて、本当の幸福をつかむための方法が示される。

1,500円

幸福の科学出版

Noblesse《ノーブレス》 Oblige《オブリージ》

「高貴なる義務」を果たす、
「真のエリート」を目指せ。

幸福の科学学園
中学校・高等学校（那須本校）

Happy Science Academy Junior and Senior High School

私は、
教育が人間を創ると
信じている一人である。
若い人たちに、
夢とロマンと、精進、
勇気の大切さを伝えたい。
この国を、全世界を、
ユートピアに変えていく力を
出してもらいたいのだ。

（幸福の科学学園 創立記念碑より）

幸福の科学学園 創立者
大川隆法

幸福の科学学園（那須本校）は、幸福の科学の教育理念のもとにつくられた、男女共学、全寮制の中学校・高等学校です。自由闊達な校風のもと、「高度な知性」と「徳育」を融合させ、社会に貢献するリーダーの養成を目指しており、2014年4月には開校四周年を迎えました。

Noblesse《ノーブレス》 Oblige《オブリージ》

「高貴なる義務」を果たす、
「真のエリート」を目指せ。

2013年 春 開校

幸福の科学学園
関西中学校・高等学校

Happy Science Academy
Kansai Junior and Senior High School

私は日本に
真のエリート校を創り、
世界の模範としたい
という気概に満ちている。
『幸福の科学学園』は、
私の『希望』であり、
『宝』でもある。
世界を変えていく、
多才かつ多彩な人材が、
今後、数限りなく
輩出されていくことだろう。
（幸福の科学学園関西校 創立記念碑より）

幸福の科学学園 創立者
大川隆法

滋賀県大津市、美しい琵琶湖の西岸に建つ幸福の科学学園（関西校）は、男女共学、通学も入寮も可能な中学校・高等学校です。発展・繁栄を校風とし、宗教教育や企業家教育を通して、学力と企業家精神、徳力を備えた、未来の世界に責任を持つ「世界のリーダー」を輩出することを目指しています。

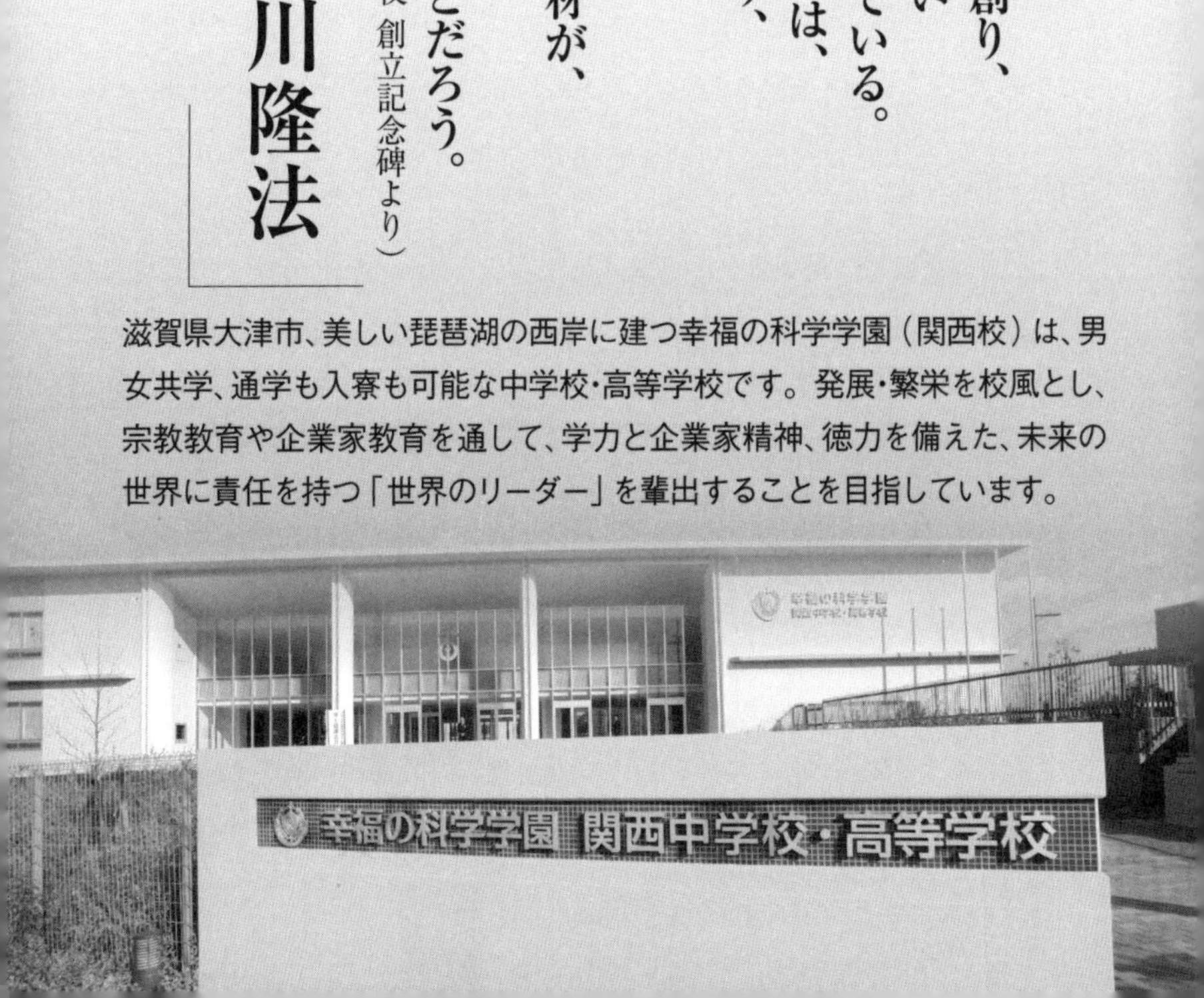

幸福の科学学園・教育の特色

「徳ある英才」の創造

教科「宗教」で真理を学び、行事や部活動、寮を含めた学校生活全体で実修して、ノーブレス・オブリージ(高貴なる義務)を果たす「徳ある英才」を育てていきます。

体育祭

天分を伸ばす「創造性教育」

教科「探究創造」で、偉人学習に力を入れると共に、日本文化や国際コミュニケーションなどの教養教育を施すことで、各自が自分の使命・理想像を発見できるよう導きます。さらに高大連携教育で、知識のみならず、知識の応用能力も磨き、企業家精神も養成します。芸術面にも力を入れます。

探究創造科発表会

一人ひとりの進度に合わせた「きめ細やかな進学指導」

熱意溢れる上質の授業をベースに、一人ひとりの強みと弱みを分析して対策を立てます。強みを伸ばす「特別講習」や、弱点を分かるところまでさかのぼって克服する「補講」や「個別指導」で、第一志望に合格する進学指導を実現します。

授業の様子

自立心と友情を育てる「寮制」

寮は、真なる自立を促し、信じ合える仲間をつくる場です。親元を離れ、団体生活を送ることで、縦・横の関係を学び、力強い自立心と友情、社会性を養います。

毎朝夕のお祈りの時間

幸福の科学学園の進学指導

1 英数先行型授業

受験に大切な英語と数学を特に重視。「わかる」(解法理解)まで教え、「できる」(解法応用)、「点がとれる」(スピード訓練)まで繰り返し演習しながら、高校三年間の内容を高校二年までにマスター。高校二年からの文理別科目も余裕で仕上げられる効率的学習設計です。

2 習熟度別授業

英語・数学は、中学一年から習熟度別クラス編成による授業を実施。生徒のレベルに応じてきめ細やかに指導します。各教科ごとに作成された学習計画と、合格までのロードマップに基づいて、大学受験に向けた学力強化を図ります。

3 基礎力強化の補講と個別指導

基礎レベルの強化が必要な生徒には、放課後や夕食後の時間に、英数中心の補講を実施。特に数学においては、授業の中で行われる確認テストで合格に満たない場合は、できるまで徹底した補講を行います。さらに、カフェテリアなどでの質疑対応の形で個別指導も行います。

4 特別講習

夏期・冬期の休業中には、中学一年から高校二年まで、特別講習を実施。中学生は国・数・英の三教科を中心に、高校一年からは五教科でそれぞれ実力別に分けた講座を開講し、実力養成を図ります。高校二年からは、春期講習会も実施し、大学受験に向けて、より強化します。

5 幸福の科学大学(仮称・設置認可申請中)への進学

二〇一五年四月開学予定の幸福の科学大学への進学を目指す生徒を対象に、推薦制度を設ける予定です。留学用英語や専門基礎の先取りなど、社会で役立つ学問の基礎を指導します。

授業の様子

詳しい内容、パンフレット、募集要項のお申し込みは下記まで。

幸福の科学学園 関西中学校・高等学校

〒520-0248
滋賀県大津市仰木の里東2-16-1
TEL.077-573-7774
FAX.077-573-7775
[公式サイト]
www.kansai.happy-science.ac.jp
[お問い合わせ]
info-kansai@happy-science.ac.jp

幸福の科学学園 中学校・高等学校

〒329-3434
栃木県那須郡那須町梁瀬 487-1
TEL.0287-75-7777
FAX.0287-75-7779
[公式サイト]
www.happy-science.ac.jp
[お問い合わせ]
info-js@happy-science.ac.jp

仏法真理塾

サクセスNo.1

未来の菩薩を育て、仏国土ユートピアを目指す！

仏法真理塾「サクセスNo.1」とは

宗教法人幸福の科学による信仰教育の機関です。信仰教育・徳育にウエイトを置きつつ、将来、社会人として活躍するための学力養成にも力を注いでいます。

サクセスNo.1 東京本校（戸越精舎内）

「サクセスNo.1」のねらいには、「仏法真理と子どもの教育面での成長とを一体化させる」ということが根本にあるのです。

大川隆法総裁　御法話「『サクセスNo.1』の精神」より

仏法真理塾「サクセスNo.1」の教育について

信仰教育が育む健全な心

御法話拝聴や祈願、経典の学習会などを通して、仏の子としての「正しい心」を学びます。

学業修行で学力を伸ばす

忍耐力や集中力、克己心を磨き、努力によって道を拓く喜びを体得します。

法友との交流で友情を築く

塾生同士の交流も活発です。お互いに信仰の価値観を共有するなかで、深い友情が育まれます。

●サクセスNo.1は全国に、本校・拠点・支部校を展開しています。

校名	TEL	FAX
東京本校	TEL.03-5750-0747	FAX.03-5750-0737
名古屋本校	TEL.052-930-6389	FAX.052-930-6390
大阪本校	TEL.06-6271-7787	FAX.06-6271-7831
京滋本校	TEL.075-694-1777	FAX.075-661-8864
神戸本校	TEL.078-381-6227	FAX.078-381-6228
西東京本校	TEL.042-643-0722	FAX.042-643-0723
札幌本校	TEL.011-768-7734	FAX.011-768-7738
福岡本校	TEL.092-732-7200	FAX.092-732-7110
宇都宮本校	TEL.028-611-4780	FAX.028-611-4781
高松本校	TEL.087-811-2775	FAX.087-821-9177
沖縄本校	TEL.098-917-0472	FAX.098-917-0473
広島拠点	TEL.090-4913-7771	FAX.082-533-7733
岡山本校	TEL.086-207-2070	FAX.086-207-2033
北陸拠点	TEL.080-3460-3754	FAX.076-464-1341
大宮本校	TEL.048-778-9047	FAX.048-778-9047
仙台拠点	TEL.090-9808-3061	FAX.022-781-5534
熊本拠点	TEL.080-9658-8012	FAX.096-213-4747

全国支部校のお問い合わせは、サクセスNo.1東京本校（TEL. 03-5750-0747）まで。

メール info@success.irh.jp

エンゼルプランV

信仰教育をベースに、知育や創造活動も行っています。

信仰に基づいて、幼児の心を豊かに育む情操教育を行っています。また、知育や創造活動を通して、ひとりひとりの子どもの個性を大切に伸ばします。お母さんたちの心の交流の場ともなっています。

TEL 03-5750-0757　FAX 03-5750-0767
メール angel-plan-v@kofuku-no-kagaku.or.jp

ネバー・マインド

不登校の子どもたちを支援するスクール。

「ネバー・マインド」とは、幸福の科学グループの不登校児支援スクールです。「信仰教育」と「学業支援」「体力増強」を柱に、合宿をはじめとするさまざまなプログラムで、再登校へのチャレンジと、進路先の受験対策指導、生活リズムの改善、心の通う仲間づくりを応援します。

TEL 03-5750-1741　FAX 03-5750-0734
メール nevermind@happy-science.org

ユー・アー・エンゼル!(あなたは天使!)運動

障害児の不安や悩みに取り組み、ご両親を励まし、勇気づける、障害児支援のボランティア運動です。学生や経験豊富なボランティアを中心に、全国各地で、障害児向けの信仰教育を行っています。保護者向けには、交流会や、医療者・特別支援教育者による勉強会、メール相談を行っています。

TEL 03-5750-1741 FAX 03-5750-0734
メール you-are-angel@happy-science.org

シニア・プラン21

生涯反省で人生を再生・新生し、希望に満ちた生涯現役人生を生きる仏法真理道場です。週1回、開催される研修には、年齢を問わず、多くの方が参加しています。現在、全国8カ所(東京、名古屋、大阪、福岡、新潟、仙台、札幌、千葉)で開校中です。

東京校 TEL 03-6384-0778 FAX 03-6384-0779
メール senior-plan@kofuku-no-kagaku.or.jp

入会のご案内

あなたも、幸福の科学に集い、ほんとうの幸福を見つけてみませんか？

幸福の科学では、大川隆法総裁が説く仏法真理をもとに、
「どうすれば幸福になれるのか、また、
他の人を幸福にできるのか」を学び、実践しています。

入会

大川隆法総裁の教えを信じ、学ぼうとする方なら、どなたでも入会できます。入会された方には、『入会版「正心法語」』が授与されます。（入会の奉納は1,000円目安です）

ネットでも**入会**できます。詳しくは、下記URLへ。
happy-science.jp/joinus

三帰《さんき》誓願《せいがん》

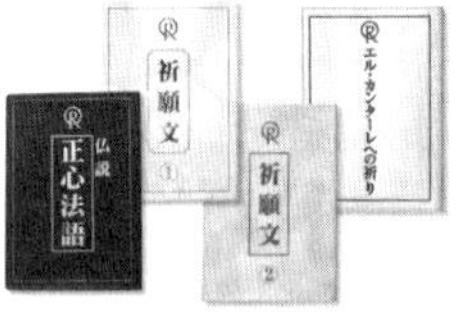

仏弟子としてさらに信仰を深めたい方は、仏・法・僧の三宝への帰依を誓う「三帰誓願式」を受けることができます。三帰誓願者には、『仏説・正心法語』『祈願文①』『祈願文②』『エル・カンターレへの祈り』が授与されます。

植福《しょくふく》の会

植福は、ユートピア建設のために、自分の富を差し出す尊い布施の行為です。布施の機会として、毎月1口1,000円からお申込みいただける、「植福の会」がございます。

「植福の会」に参加された方のうちご希望の方には、幸福の科学の小冊子（毎月1回）をお送りいたします。詳しくは、下記の電話番号までお問い合わせください。

月刊「幸福の科学」

ザ・伝道

ヤング・ブッダ

ヘルメス・エンゼルズ

INFORMATION	**幸福の科学サービスセンター** **TEL. 03-5793-1727**（受付時間 火～金：10～20時／土・日：10～18時） 宗教法人 幸福の科学 公式サイト **happy-science.jp**